政治行銷
Political Marketing

張美慧 著

國家圖書館出版品預行編目（CIP）資料

政治行銷/張美慧著.-- 初版.-- 新北市：揚智文
化, 2012.03
　　面；　公分.--（Polis系列）

　　ISBN 978-986-298-038-5(平裝)

　　1.政治行銷

572.9　　　　　　　　　　　　　　　101005401

Polis系列

政治行銷

作　　者/張美慧
出 版 者/揚智文化事業股份有限公司
發 行 人/葉忠賢
總 編 輯/閻富萍
地　　址/22204 新北市深坑區北深路三段 260 號 8 樓
電　　話/(02)8662-6826
傳　　真/(02)2664-7633
網　　址/http://www.ycrc.com.tw
 E-mail / service@ycrc.com.tw
印　　刷/鼎易印刷事業股份有限公司
 I S B N / 978-986-298-038-5
初版一刷/2012 年 3 月
定　　價/新台幣 250 元

序

　　這本書，整合我過去二十幾年讀書、教書及擔任政治行銷顧問的經驗匯集而成。我的博碩士教育受的都是正統的政治學，二十幾年前我因緣際會參與選舉輔選工作時，當時尚未聽過政治行銷這個詞彙，但從實務工作中，已隱然感受到行銷在政治事務運作上的威力。

　　因為興趣所在，二十幾年來我一直在政治及行銷這兩個領域中來回，也從未間斷在大學中開設政治傳播相關的課程。我一直為政治行銷這個領域所著迷，不僅是選舉操作，甚至城市發展、公共政策、民意溝通、社會共識、政黨路線……處處可見政治行銷的痕跡。所幸，國內學術界也適時地注意到政治行銷這個新範疇的發展，而迭有相關專論著述之推出，本人的政治行銷學術摸索之路，得助於前輩的研究成果甚多，在此表達感謝。

　　有不少正統的政治學者，認為政治行銷學，只是把政治當成商品，運用行銷的技術，進行銷售的手段，根本不登學術大雅之堂。其實根據我的親身體驗，我看到政治行銷學將社會各界對於相互對立的價值觀的爭論納入了行銷管理制度和程序之中，為社會價值觀的爭論提供了一個協商平台，既有利於引發關於政治價值的爭論，又不至於導致政治對抗，在政治理念世界和政治實務操作世界之間架起了一座橋樑，推動了政治發展和社會發展。

　　未來，政治行銷影響層面必然越來越廣、越來越普遍、越來越重要，期待更多學者投入這個領域的研究，謹將本書獻給有志於政治行銷的研究與工作者，期盼成為有助後來者的墊腳石。

　　　　　　　　　　　　　　　　　　張美慧　謹識於台北

目　錄

第一章

緒　論

- 研究動機
- 研究架構、問題與假設
- 研究範圍與方法
- 本書研究目的

摘要

　　「政治行銷」（political marketing）意味著根據現代的行銷學法則與技術，設計出一套實際可行的策略並應用於政治之中，無論是從國家政策執行、政黨推動法案，到組織團體獲取支持、個別候選人力圖贏得選戰等等，透過行銷的應用，讓「政治行銷」能夠從另一個與政治學同中有異的觀點去認知與評估政治局勢，思考策略，掌握有利行動契機。本書的研究目的是檢視與探討政治行銷在台灣的政治發展過程中所扮演的角色，並嘗試建立一個跨領域的研究架構來理解與分析政治行銷的現象與影響，希望如實地呈現出政治學與行銷學交手的場域，從中看見問題、力量和可能性，以一種新的眼光來觀看我國民主化進程中的篳路藍縷，從而建構起屬於台灣的政治行銷學。

第一節　研究動機

　　「政治行銷」是一個方興未艾的跨學科研究領域，其涉及相關學術範疇廣泛，包括了政治學、行銷學、廣告學、傳播學、管理學等等，相關主題的討論涵蓋範圍包括政治傳播（political communication）、政治公關（political public relations）、政治廣告（political advertising）、政治宣傳（political campaign）甚至政策行銷（policy marketing）等等，國際學界已陸續出版許多關於政治傳播、選戰管理等各方面的研究文獻，在我國亦持續有學者積極投入研究，各種理論與實務成果精彩紛呈、蔚為大觀。從字面上來看，「政治行銷」意味著根據現代的行銷法則與技術，設計出一套實際可行的策略並應用於政治之中，無論是從國家政策執行、政黨推動法案，到組織團體獲取支持、個別候選人力圖贏得選戰等等，都能透過行銷的應用，從「政治行銷」的觀點去

認知與評估政治局勢、思考策略，掌握有利的行動契機。

　　行銷原本是商業領域的利器，根據美國行銷協會（American Marketing Association, AMA）在1985年界定，行銷是分析、規劃、執行和控制的一連串過程，透過此程序來訂定創意、產品或服務的概念、訂價、促銷與配銷等策略，進而創造能滿足個人和組織目標的交換活動。將行銷學應用於政治，乍聞之下似乎是個別開生面的新觀點，實際上在我們隨處可見的日常生活之中，早已布滿政治行銷的種種痕跡。舉例來說，一般選民印象最深刻的就是在我國每當選舉將屆，選舉旗幟必定插滿街頭巷尾，信箱中塞滿候選人的宣傳單，助選員陪著候選人沿街拜票並贈送伴手禮，掛著選舉標誌的車輛不斷用擴音器重複播放著選舉口號，電視上與報紙上都充斥著競選廣告，新聞大量報導政黨與候選人相關動態，民意調查的數字起伏高低也往往被拿來大做文章，運用網路來催票的花招更是推陳出新、無奇不有。每逢選舉，種種熟悉的混亂景象總是一再重返。這些看似光怪陸離的政治行為與活動，實際是由一個隱而未彰的概念所推動，就是政治能夠透過行銷的方式來達成其目的，將行銷的觀念、市場分析方法以及策略戰術等導入政治活動中，使政黨或政治人物能發展出一套有根據、有整體性、有效率，有別於傳統選戰與組織戰的選舉策略。更廣義地說，政治行銷並不侷限於選舉前後期間，在平時，政府、政黨甚至非營利組織都能夠透過製作動人的廣告，將其政治訴求或主張更有效傳遞出去給社會大眾，爭取支持；為了讓理念更具說服力或感染力，大至記者會，小至文宣，都必須要有整體的包裝策略，口號（slogan）更是非得精心設計，除了符合核心價值與訴求，還務求讓人琅琅上口，才能口耳相傳打動人心……凡此種種，正是將「行銷」的方法和工具應用到「政治」上。

　　許多學者指出，政治行銷在西方民主國家發展多年，特別是在選戰之中，每每競爭越激烈，招數越層出不窮，使得民主政治儼然成為

一種龐大產業。為了規範這些行為與現象，各國政府致力推動相關的規章制度之建立，學界也紛紛投入研究，諸如政黨政治、選舉法規、媒體策略、投票行為等課題，不僅產出為數不少的政治行銷的論文和論文集，也逐漸出現闡述政治行銷理論、體系的著作。目前政治行銷相關研究以歐美學者的成果較為卓著，如菲利普‧科特勒（Philip Kotler）、約瑟夫‧熊彼得（Joseph Alois Schumpeter）、蓋瑞‧毛瑟（Gary Mauser）、布魯斯‧紐曼（Bruce I. Newman）、尼可拉斯‧奧蕭尼西（Nicholas J. O'Shaughnessy）、珍妮佛‧李—瑪仕蒙（Jennifer Lees-Marshment）等等。在國內方面，亦有多位學者不斷累積豐沛的在地研究成果，主要探討面向聚焦在文宣、廣告、媒體等政治傳播面向，近年來隨著網際網路的普遍化而往往需應用到資訊科技媒介，更有越來越多研究者投入網路上的行銷效果，將品牌經營、行銷策略、媒體操作等推展到政治領域，來研究在選舉行銷、政黨行銷、政策行銷、社會行銷等實務面的運作成效。

當越來越多人懂得將行銷學的觀念與工具應用到政治領域，意味著在選戰中，候選人不再像過去一樣憑著直覺、常識和經驗去規劃自己的競選活動，而是透過民意調查等客觀資料去分析瞭解選民的意向，更進一步透過報紙、電視、網路等媒體去散播理念、甚至包裝形象——時至今日，政治人物要投入一場選舉，費用早已今非昔比，支出項目可能包括了旗幟、標語、廣告、贈品、餐會、網路、工作人員薪資等等，五花八門不一而足，眾多相關行業如公關、廣告、媒體、新聞、民調等行業也隨之蒸蒸日上。除此之外，政府在宣導公共政策時，不再一味刻板教條，而會運用行銷學的策略去向社會大眾傳遞訊息，希望能夠讓政策更獲得民意支持、更有效落實運作。民間團體也可能為了不同的利害衝突而運用行銷方法進行理念宣傳，甚至非營利組織也能夠透過行銷學讓崇高的訴求更廣為人知、獲得更多認同與支持。將政治學與行銷學結合、探討其溝通成效的跨學科研究，「政治

行銷」正是這樣一個新穎、鮮活而充滿探索潛力的領域。

　　一般而言，政治學者較常從事於政府政策制定的研究，以及對政治現象的解析工作。相對來說，行銷則是一門包含實務的運行規則，傾向於發展出一套解決問題的程序，以協助決策制定的科學。將行銷學應用於政治，容或可以為政治活動提供一個別開生面的架構與視野；然而政治學與行銷學兩者之間畢竟有許多不同之處，究竟行銷學如何能夠適用政治學範疇，是「政治行銷」研究之所以能夠成立最根本而關鍵的問題。政治市場存在嗎？政治能夠被商品化嗎？投票可以類比於一種消費行為嗎？選民對政黨的認同就像是對品牌的喜愛嗎？如果可以的話，原因何在？在應用上有怎樣的預設、條件與限制？有什麼優點與缺點？行銷的介入，固然可能為政治的傳統嚴肅樣貌增添許多靈活的色彩，但是否也可能帶來負面影響？凡此種種，皆是在進行實務上政治行銷操作之前不得不先加以釐清的理論基礎。

第二節　研究架構、問題與假設

　　「政治行銷」研究之所以可能，必須建立在幾個重要的前提上：(1)政治學與行銷學是兩門大相逕庭的學科，這兩門學科之間有許多不同之處，行銷學是否能夠適用政治學範疇是個必須釐清的問題；(2)政治學與行銷學兩個學術領域之間，存在著某個共通的研究領域，是兩種學門都加以關注、且能夠互相以其原本的研究基礎共同增益的；(3)作為社會科學的一門，政治行銷必須確立清晰的定義、明確的研究對象、方法與範圍。

　　選舉行銷某種意義上可以說是政治行銷的狹義定義（任宜誠，1990），但不可諱言，選舉也的確可以說是政治行銷最常被應用和操演的現實場域，因此不難瞭解何以有不少學者直接把政治行銷等同於

選舉行銷；舉例而言，萊因（Dominic Wring）認為政治行銷是政黨和政治候選人透過研究輿情和環境分析，找出競爭策略來協助組織實現目標並滿足選民需要，進而獲取選票支持的過程（Wring, 1997: 653）。卡瓦納夫（Dennis Kavanagh）把政治行銷定義為「選舉工程學」（Electoral Engineering），比喻在選舉前和選舉期間需要調查和研究公共輿論、設計競選傳播以及評估其影響的一整套策略和工具（Kavanagh, 1995: 60-76）。哈羅普（Martin Harrop）認為，政治行銷不僅僅是關於政治廣告、政黨政治廣播和選舉演講，而且涵蓋政黨在選舉市場定位所有領域的事務（Harrop, 1990: 277-291）。奧蕭尼西和漢尼伯格（Stephan C. M. Henneberg）認為，政治行銷是尋求建立、維持和提升長期選民關係，為社會和政黨謀求利益，如此一來，所涉及的個別政治行為體和組織的目標得到匯合，這一過程往往透過共同的交換和承諾的實現來完成。奧蕭尼西和漢尼伯格的定義強調了三個方面：一是關注交換關係；二是長期視角和選民取向；三是強調有關各方的共同利益（趙可金、孫鴻，2008：34-35）。

　　許多學者則將政治行銷看作是一門嶄新的學科，是政治學、行銷學、傳播學、文化學等多學科合流的結果，並且認為政治行銷並不限於狹義的選舉。例如斯卡梅爾（Margaret Scammell）認為，政治行銷提供了一種理解現代政治學的新途徑，為解釋政黨和選舉人行為提供理性的經濟學理論基礎，這是傳統的政治學中的競選研究和政治傳播學研究所無法做到的；政治行銷日益成為現代民主國家的政黨和政治候選人為求當選而需要實際操作的一環，與早期各種形式的選舉行銷之間有著明顯區別，政治領導人、政黨和選民之間的關係已改變了（Scammell, 1999: 718-739）。尼芬內格（Philip B. Niffenegger）將麥卡錫行銷模型中的「4Ps」模式應用於政治行銷過程，認為政治行銷是透過運用環境分析和市場研究等策略工具，最終形成行銷組合的決策，涵蓋產品（product）、促銷（promotion）、銷售網路（place）

和價格（price）等四項決策的形成（Niffenegger, 1989: 45-51）。克里蒙特（Mark N. Clemente）認為，政治行銷是與公共事務、政治事務，以及與特定的政治候選人相關的觀點和思想的行銷，一般而言，政治行銷主要是為了影響人們在選舉中的投票傾向；雖然這一概念並不像與傳統行銷產品和服務行銷那樣容易被人們接受，但政治行銷的確大量應用了產品行銷的工具（Clemente, 1992）。馬雷克（Philippe J. Maarek）認為，政治行銷是一個複雜的過程，是全世界政治工作者努力廣泛從事政治傳播的結果（Maarek, 1995: 28）。李—瑪仕蒙則認為，政治行銷是關於政治組織採取商業行銷的概念、方法和技術以幫助實現自己目標的學問，是政治學和行銷學的結合，此結合為政黨政治提供了更全面的視野。

但究竟政治與行銷這兩個研究領域如何可能結合在一起？關於此點，根據美國帝博大學行銷系教授紐曼指出，在賣方（企業）以其產品或服務去交換買方（消費者）的金錢這樣一個過程中，行銷針對市場需求的評估來不斷改進產品或服務，目標在於讓消費者購買而獲得利潤；相較於此，在政治中，政治行銷是候選人、政黨、政府、遊說者和利害相關者等透過策略性的分析、發展、執行和管理，對社會中特定目標群眾、群體的需求和願望做出反應，來改善自身形象、主張、政策等等，目的則可能包括贏得選舉勝利、尋求輿論支持、強化己方立場、改善公共關係、通過立法提案或者是推動重大政策等不一而足。紐曼認為這兩個領域有許多共通之處，包括二者都運用行銷工具與策略，也都和市場概念有關（儘管可能在具體應用上有不同的選擇）（Newman, 1994；張哲馨譯，2007：5-7）。

毛瑟也針對商業市場和政治選舉之間的相似性進行分析。毛瑟指出，二者有相同的競爭本質，都致力爭取目標群體的支持，也都企圖在相同的限制條件下（有限的時間、金錢和人力）達成自己的目的。兩個領域中的競爭者都必須創造出優於其他競爭者的差別利益

（differential advantage），獲得一定比例的支持，來維持自身的生存（Mauser, 1983；王淑女譯，1992：7）。

紐曼與毛瑟無疑是贊成行銷原則和方法能夠為各種類型的個人或組織在政治活動中加以應用，雖然他們也均提出商業行銷和政治行銷之間存在一些明顯的差別，且強調這兩個領域的相似度並不到直接可以將技巧互相移轉的程度，任何行銷概念或技巧被運用到政治上之前，都應該重新驗證其可行性，方為明智（Mauser, 1983；王淑女譯，1992：7）。根據紐曼與毛瑟，商業行銷和政治行銷的差異包括：(1)目的差異：商業行銷的目的是獲取利潤，但政治行銷的目的是贏得選戰（以狹義的政治行銷而言）；(2)商業行銷的成功與否往往僅體現在幾個百分點上，但政治行銷的成敗則有天壤之別；(3)由於商業行銷旨在獲利，企業通常會根據調查研究的結果去採取相應行動，但政治行銷則不然；舉例來說，儘管調查研究的結果顯示某候選人一旦主張某種政策就能提升其當選機率，但候選人依然可能基於自身政治理念或其餘因素而決定不這麼做。

由此可知，僅僅靠著一些相似性的類比，尚不足以作為政治行銷的論述基礎。關於政治行銷是否成立，最重要亦最關鍵的假設就是究竟如何能夠將「選民」（voters）視為「政治消費者」（political consumers），作為「政治市場」（political market）的架構奠基，如此才可能真正理解何以行銷學大師科特勒會將政治行銷視為透過交換過程以滿足需求（needs）及欲望（wants）等等的政治活動（Kotler, 1972: 49）。「政治消費者」這個概念的興起，並不僅僅是在提出一個選民投票行為的新框架，而是一個具有本質性改變的觀點：將選民需求、選民喜好、選民品味、政黨或政治人物的形象這些要素納入考量，而不僅是政治理念、意識型態這些經典的政治影響要素。行銷學關於消費者行為的研究，能夠提供政治人物與政府一個很好的參考，讓他們更能聆聽公眾心聲、改善政策以貼近公眾需求。相對來說，基

於政治的公益性，長遠來說，一味討好選民的消費者主義究竟是否可能反而造成選民與整體社會大眾的不利益？有些學者對此表示肯定，認為消費者並不是全然自私利己的：「在美國，個人利益一般是大部分消費者最關切的事情，但是當考慮的議題涉及食品安全、飲水等等時，人們會從下一代、家庭、甚至整個社群來著眼。」（Lees-Marshment, 2009: 11）但另一方面，也有學者指出將選民視為消費者可能有一些問題，像是選民意見多變、易受媒體影響、情緒化、不理性、充滿偏見、短視近利、缺乏做出判斷必要的相關知識與經驗等等，這些都可能導致在透過政治行銷觀點去評估公眾意見與觀點時不夠精準（Lees-Marshment, 2009: 13）。因此，在實務上運用政治行銷時，是否可能因此有一些限制，或者應有某些前提？此一問題亦為本書所欲探討的重點之一。

第三節　研究範圍與方法

　　大部分政治行銷的進行，都與人際接觸和大眾傳播媒體有著密切關係。傳統的選戰方式以政黨為組織主軸，實地進行選區拉票的工作，或者採用商業行銷常用的郵寄或直接派送，將宣傳品送到選民手中以推銷候選人、募集選舉經費。但隨著人口的大量增加與傳播科技的迅速進展，政治菁英越來越需要也越來越善於運用大眾傳播媒體來與公眾進行溝通，而透過行銷與傳播理論的運用，甚至能夠引導輿論、塑造民意。1940年代以前，平面媒體的報紙與雜誌影響較大，1940年代則是廣播影響大，1960年代以後無線電視登場，1980年代以後再被衛星與有線電視取代，1990年代以後則加入了網際網路的發展，這些大眾傳播媒體配合民意調查、焦點訪談、形象塑造、媒體購買等行銷技巧大量使用，不斷改寫政治競爭的形式（倪炎元，2009：

29-30）。紐曼曾在《營銷總統：選戰中的政治營銷》一書中指出，政治行銷的興起與大眾傳播媒體（特別是電視）有密切的相關，以美國總統大選為例，1960年甘迺迪與尼克森進行電視辯論，為求上鏡好看，候選人不得不求助形象專家來為自己打造出選民心目中的理想形象；1980年，雷根競選總統時，不僅是以其個人魅力與鏡頭前的翩翩風度吸引選民，更透過民意調查去瞭解選民的投票行為，從而設計出一個連貫而清晰的形象，透過媒體傳播，從而吸引了更多的支持者。這些例子顯示在政治競選活動之中應用行銷針對目標群眾進行溝通，在美國的總統大選中是如何隨著大眾傳播科技的成熟而影響力日增，不但電視等大眾傳播媒體的影響力甚受重視，為了有效地運用價格昂貴的媒體資源更需要應用行銷工具，來設計精準的策略，爭取更多選民支持。這就是何以紐曼認為，政治行銷的興起與大眾傳播媒體（特別是電視）有密切的相關（Newman, 1994；張哲馨譯，2007：12-15）。

政治行銷在我國的政治發展過程中，則是扮演一個非常特殊的角色。自1949年國民政府遷台、1950年實施「臺灣省各縣市實施地方自治綱要」推動台灣地方選舉自治開始起算，民主制度在我國的實踐與發展的時日，已歷經了一段相當長的時間。1987年解除戒嚴，1996年首次透過全民直選的方式產生國家元首。2000年舉行第十屆總統、副總統選舉，這次選舉的選民人數超過1,200萬，投票率達82.69%，最後由民主進步黨總統候選人陳水扁、副總統候選人呂秀蓮當選，是中華民國開國以來第一次政黨輪替。2008年第十二屆總統、副總統選舉，由中國國民黨總統候選人馬英九、副總統候選人蕭萬長當選，再次以民主方式政權交替，顯示台灣民主政治日趨成熟。時光荏苒，在這數十年間，隨著經濟起飛、民智漸開，我國舉辦過大大小小的中央、地方選舉，許多政黨與政治人物起起落落，無數的政治主張與願景曾經撼動人心、口耳相傳，隨著一次次的選舉，民主政治的理念在台灣逐

漸獲得落實，台灣民主化的過程，更是成為許多學者所津津樂道的第三波新興民主典範。

在民主化的進程中，我國亦逐漸出現將行銷的概念與策略融入政治活動之中的情形，選戰由傳統的組織戰、宣傳戰融入行銷觀念，政治行銷迅速成為政治溝通實務操作的重要工具。近年來政黨、候選人運用政治行銷之概念模式來發展競選規劃與擬定溝通策略，並從事專業的政治行銷文宣設計、形象包裝、公關與造勢活動等，已經不足為奇。政黨和候選人為了將自己的意見與主張有效傳達給選民，開始會聘請選戰專家分析數據，設定選舉策略和主軸；會聘請民調專家進行各種調查，掌握自己與對手的支持率變動，隨時因應情勢提出應變戰術；會聘請形象專家幫助候選人設計造型，打理外表，撰寫講演文稿，安排在各種媒體上曝光，準備好論點如何回應等，大小活動一應俱全。這些都是為了達成最終的結果，在選舉中獲得足夠多的選票，使候選人當選。政治行銷甚至也進入到政府機關宣導政策、非營利組織推廣訴求等更多元的公共領域，為了有效達成宣導或宣傳目的，將政策、訴求、主張等加以包裝與推銷，其構想與設計的方法與商業行銷研發一項廣受消費者喜愛與歡迎的商品有許多相似之處。

競選活動可說是台灣民主政治參與最重要的一環，而政治人物運用行銷工具與技術來開拓其政治版圖雖蔚為趨勢，但在早期有關台灣選舉活動之研究中，相關選戰活動、選舉行為的實證研究，並不多見。我國有關選舉投票行為的研究，最早的一篇是在民國五十三年，由政治大學鄒文海教授以官方統計資料分析台灣地區選舉之投票率，完成《台灣省地方選舉的研究》之論著（陳義彥、黃麗秋，1992：14）。隨後的研究多為台灣人民對選舉的態度與參與，如1977年江炳倫的「投票指向」研究，1973年華力進的「投票參與行為」研究、蔡啓清的「選舉行為」研究；而以統計方法、單（多）變量分析，來調查研究台灣選舉行為者，則為七〇年代李瞻、蔡信義和黃天從事

選舉行為研究，以及八〇年代學者陳義彥、盛杏湲和劉義周等對選民投票行為的研究。直到1980年代政治解嚴後，民主化的台灣，政黨競爭激烈，相關選舉研究日益增多。自此政治學領域並開始進行以實證研析為導向的研究，也開始有相關選舉行為之實證研究（陳春富，2002）。

　　快速變遷衝擊下的台灣政治競選活動之研究，更有其探討的意義與價值。從1990年代起，政治科學研究者更進一步開始探索台灣政治文化與政治參與的架構與理論，也進行選民和候選人政治參與的研究。同時，候選人或政黨變數等影響選民投票行為之研究、選民心理分析等相關研究，亦是近年台灣學者努力研究的重點之一。行銷活動的終極目標在於促使消費者採取購買行動，其整個過程和選戰中選民的投票行為極為相似；在選戰中，政治行銷的目的旨在刺激選民在投票日當天以實際的行動，對特定支持的候選人投下贊成票，而對無特定支持對象的選民（游離選民），則透過政治行銷、宣傳活動的進行，爭取實際行動支持。順應大環境發展的趨勢，將行銷理論應用於政治科學範疇，有其實務應用上值得探討之處。

　　本書將以我國民主化過程中的政治行銷現象為研究範圍，在方法上以文獻分析法為主，透過蒐集資料和分析資料，從歸納和演繹兩種方法來進行：在研究方法的各步驟中常以演繹法建立假設，經歸納分析資料後得出結論，再用演繹法導出新的假設，使之成為知識。主要文獻資料則包括國內外有關政治行銷之專書、期刊、論文、學術研究報告等資料。

第四節　本書研究目的

綜上所述，本書的目的是檢視與探討政治行銷在台灣的政治發展過程中所扮演的角色，並嘗試建立一個跨領域的研究架構來理解與分析政治行銷的現象與影響，研究目的包括下列各點：

1. 行銷技術本是商業領域的利器。近年來，越來越多政治人物將行銷學觀念與工具應用到政治領域。故本研究欲聚焦於將政治學與行銷學結合的跨領域研究「政治行銷」，探討其溝通成效。

2. 政治行銷活動在西方許多民主國家蓬勃發展已久，如前所述，歐美學界早已紛紛投入研究，包括爲數不少的政治行銷的論文和論文集，也逐漸出現闡述政治行銷理論、體系的著作；爲累積在地化研究成果，對我國政治行銷與溝通的研究有其迫切之必要性。

3. 我國發展民主已行之有年，國內相關學術領域累積成果堪稱豐碩，但關於政治行銷之相關研究多集中在政治傳播領域，或是實務操作之經驗分析，完整深入的政治行銷理論仍待整理建構。

4. 本研究嘗試探討政治行銷的理論與實務，從我國民主政治發展現況出發，探討在地化的政治運作如何以行銷的方法和技術經營，是否啓發候選人或政黨更重視選民，或者對當代民主政治的素質有何正負面影響，期望能夠釐清政治行銷的脈絡與邏輯，跨越政治學、傳播學與行銷學的研究領域，以一種新的眼光來觀看我國民主化進程。

　　在本書終章,將回過頭來再一次檢視政治行銷對於我國民主政治的發展有何意義與影響。當我們回顧台灣的民主化進程,發覺政治行銷的痕跡早已淪肌浹髓,密不可分,這時我們能夠更深入省思,究竟政治行銷的操作對於台灣民主有何意義、影響與價值?本書不在片面地鼓吹或批判政治行銷,而是希望如實地呈現出政治學與行銷學交手的場域,從中看見問題、力量和可能性,以一種新的眼光來觀看我國民主化進程中的篳路藍縷,從而建構起屬於台灣的政治行銷學。

學理篇

政治行銷的理論與工具

第二章

政治行銷的理論研究

- 政治行銷的發展階段
- 政治行銷的研究方法
- 政治行銷與台灣民主化過程
- 新媒體時代的政治行銷

摘要

　　綜觀政治行銷理論的發展歷程，迄今大致可劃分為三個階段：第一階段約從二十世紀五〇年代到六〇年代，行為主義與政治行為學影響深遠。第二階段約從二十世紀七〇年代到八〇年代，理性選擇理論和媒體傳播理論的影響較大，政治行銷學也在政治市場理論、市場行銷理論、政治傳播理論、選戰中的媒體政治影響等研究中逐漸建立理論基礎。第三階段約從二十世紀九〇年代以降迄今，政治行銷理論進入多元化，各國比較研究增多，很多方面都有長足的進展。在研究方法上，則可區分為：(1)行為主義方法；(2)政治傳播方法；(3)理性選擇方法；(4)批判方法；(5)比較研究等五種。而觀諸我國，在邁向民主的過程中，以重大事件為分水嶺，從國民政府遷台以來，從戒嚴時期，到解嚴、開放黨禁報禁，到完成兩次政黨輪替迄今，政治行銷於台灣民主化有何等意義、發揮的功能與影響為何，為本章探討重點。

第一節　政治行銷的發展階段

　　數十年以來，政治學家、行銷學家、管理學家、傳播學家、社會學家以及經濟學家都曾從多種學科角度針對政治行銷進行研究。以國別而論，在世界各國之中，美國的政治場域無疑是政治行銷操作與施展的沃土，從直效郵件行銷（direct mail）乃至政治廣告等均很早就開始嘗試運用，此外，在非營利部門的行銷活動和公共事務的遊說活動中，也屢屢看到政治行銷的運作痕跡。有學者將政治行銷的理論緣起追溯到二十世紀初的美國，早期主要是關注普選制的實施，以及大眾傳播媒體的興起和普及所造成的影響，不過一般傾向認為政治行銷的理論興起於二十世紀五〇、六〇年代的美國，當時主要關注的問題是

美國總統制、其運作方式，以及其他公職職位選舉問題。

　　英國的政治行銷發展比美國稍微晚一些，主要是從二十世紀八〇年代開始；也有學者認為更早，在二十世紀初期英國政黨就進行過與政治行銷相關的操作，不過沒有引起學界的關注（Lees-Marshment, 2004）。英國保守黨曾經力圖整合大眾傳播工具來引導輿論走向，不敵後來英國工黨大量運用行銷與包裝技術傳達政治理念；工黨贏得選舉勝利而成為執政黨後，英國學界對政治行銷的注意程度也大幅提升。與美國的發展情況類似，電視與其他大眾傳播媒體在政治行銷中扮演相當重要的角色。英國學術界對政治行銷的研究以基爾大學（Keele University）、曼徹斯特大學（University of Manchester）等為主，許多研究政治行銷的英國學者是出身於政治學和社會學專業，與美國學者如紐曼、科特勒、毛瑟等商學院的行銷專家頗為不同。在英國學者之中，特別是李萊克（Darren G. Lilleker）和李一瑪仕蒙致力於國際比較政治行銷之研究，考察不同國家政治行銷實踐的特殊性，試圖進一步推進政治行銷的學術化發展，其成果廣受學界注目。

　　從時間的過程來劃分，政治行銷理論的發展迄今大致可劃分為三個階段：第一階段約從二十世紀五〇年代到六〇年代，在這個時期，行為主義與政治行為學對許多學科都帶來深遠影響，政治社會學、政治心理學和政治經濟學等紛紛興起，政治行銷的理論也開始成為學者關注的主題；第二階段約從二十世紀七〇年代到八〇年代，在這個時期，理性選擇理論和媒體傳播理論的影響最為重要，政治行銷學也在政治市場理論、市場行銷理論、政治傳播理論、選戰中的媒體政治影響等研究中，逐漸建立理論基礎；第三階段約從二十世紀九〇年代以降迄今，政治行銷理論進入多元化：理論路徑多元，研究方法多樣化，比較研究增多，眾多學派爭鳴，無論是理論研究、實際操作案例分析、比較研究等各方面都有了長足的進步（趙可金、孫鴻，2008：44-52）。

一、第一階段

　　1950年代以來，研究者嘗試運用各種不同的分析途徑與測量方式，來對政治態度的概念與相關議題進行瞭解（梁世武，2006：4），此時期政治行銷研究受到政治學研究中政治行為學的影響，其背景是在二戰後，行為主義幾乎影響了社會科學所有領域，在這樣的思想脈絡下，選民和政治組織的政治行為研究成為政治學關注的核心問題，並逐步確立了行為主義政治學的三大傳統：源於哥倫比亞大學應用社會學研究所的政治社會學傳統、源於密西根大學調查研究中心的政治心理學傳統，以及將個體自身利益與合理性概念應用於選民政治行為研究的政治經濟學傳統（Goodin等主編，鍾開斌等譯，2006：328）。三大傳統都關注個別選民的政治行為，分別以不同的方式對公民在民主政治的作用與能力提出挑戰，推導出許多模型並加以修正。政治行銷理論的產生，與行為主義政治學的三大傳統有很深的關係。

　　在三大政治學傳統中，對公民民主傳統理念的最重要挑戰，來自唐斯（Anthony Downs）等學者根據民主經濟研究所提出的假說。1957年，唐斯在《民主的經濟理論》中對政治現象引入經濟學理解，認為政治當事人（選民、政黨和政府）也像經濟當事人（消費者和生產者）一樣，服從「理性之人」的基本假設，即總是在給定的制度和非制度的約束下最大限度地追求自己的利益（Downs, 1957；姚洋等譯，2005：1-7）。唐斯將「理性」運用在投票行為上，根據理性的假設，做出「理性之人的投票決定，就如同做出別的決定一般，如果行為獲益大於成本，就投票；反之則棄權」。每一位公民都會投票給他相信會提供最多利益的政黨，選民基於理性計算成本，政黨只是簡化投票計算的工具而已，基於考量以最少的成本獲致極大化的個人利益，政黨必須要讓選民獲得最簡單的訊息，讓選民評估能夠獲得最大利益，

方能夠爭取最多選票（梁世武，2006：7-8）。由此可以推論，政治行銷手段對理性選民改變投票偏好具有積極作用。

　　政治經濟學關於理性選民的論點對政治社會學提出挑戰，社會學者們也嘗試做出回應。以哥倫比亞大學應用社會學研究所（The Bureau of Applied Social Research，簡稱BASR）為代表的一批政治社會學家主張，選民的社會特質應被視為選民決策的主要變量，社會因素十分重要：一個人的政治傾向，是由各方面的社會特質來決定，例如根據宗教信仰、社會階層、居住環境等因素，可以預測選民會支持民主黨還是共和黨。舉例來說，在美國天主教徒、藍領階層和城市的居民大多支持民主黨，而新教徒、中產階級和鄉村居民大多支持共和黨。不過當政治社會學家們進一步研究，發現政治傾向和社會特質之間並不存在簡單的對應關係，選民的政治傾向，往往是社會環境、社會網絡和個人傾向共同作用的結果，而且並不具必然性，是以或然性的方式產生作用。政治社會學的回答雖然沒有著重選舉活動、議題訴求，形象塑造等因素對選民政治傾向的影響，但其提供的各種影響模型（微觀社會學模型、社會凝聚力模型、網路關係構思的結構等價模型等），尤其是提出社會特質與個人因素影響，對於政治行銷現象的研究有很大助益。

　　對政治經濟學所提問題做出回應的，還有以密西根大學社會學研究所 （Institution for Social Research，簡稱ISR）為代表的政治心理學家們。密西根政治心理學的傳統認為選民的政治態度應被視為決定選民政治傾向的中心因素，不同於哥倫比亞研究者採取集體大規模調查的社會學方法，是採取心理學的方法量測選民的政治態度。坎貝爾（Angus Campbell）等人在《美國選民》（*The American Voter*）一書中認為，決定選民政治態度的變量主要有三個：政黨認同、候選人因素及議題因素；在選舉期間，這些因素的短期效應能夠決定選舉的結果。其中政黨認同被認為是一種長期因素，對選民的政治傾向的影

響最為重要；相對而言，大眾傳播媒體對選民的影響力此時被認為較微弱。政治心理學家們對選民態度的關注，以及對選舉本身因素的強調，為政治行銷理論確立了可分析的前提，且由於研究者採取全美國的樣本調查，其結論在政治學界廣泛得到認可。值得注意的是在《美國選民》的研究中，媒體的影響力尚未被重視；隨著大眾傳播媒體介入選舉程度日益加深，許多政治心理學家越來越認識到媒體的訊息散播對於選民政治傾向的影響絕非無足輕重，許多人開始強調政見因素和候選人的媒體形象問題，甚至親身投入實務領域，轉型為政治行銷專家。

在二十世紀六〇年代，政治遊說與美國風起雲湧的民權運動和反戰運動，一同成為學界關切的核心問題。在六〇年代，多元主義的政治遊說作為一種政治分析的路徑，成為美國政治學研究的重點之一。多元主義重要特徵是差異性（difference）與多樣性（diversity），意味著沒有單一的團體、階級或組織能夠主導整個社會的運作，權力核心多樣化（Marsh & Stoker；陳菁雯等譯，1998：284）。國家之中的決策過程經常發生利益彼此衝突的情形，而政治是和平解決利益衝突的協商過程（Dahl, 1967: 24）。由於各種團體關切的議題、利益不同，遊說因而產生，可以透過媒體與活動去吸引大眾注意力來影響政策、對民意代表或官員施壓，最終目標是達成社會共識。鮑爾（Bauer）、普爾（Pool）和德克斯特（Dexter）對於1953至1962年期間美國關稅問題決策過程中的遊說活動進行詳細探討，認為國會議員未必準確瞭解選民的意願到底是什麼，選區的訊息可能在傳到議員那裡時已經扭曲了，因此需要透過遊說活動去澄清、加強，也需要和民意代表建立更深的信任關係（Bauer et al., 1972: 442）。由於政治遊說在美國的興盛，使得政治行銷理論受到更多學者關注，關於政治遊說的討論，有許多也成為後來政治行銷的重要部分。

總而言之，在政治經濟學家、政治社會學家與政治心理學家們

發現民主政治運作中公民理論的問題，並嘗試尋求解答的漫長過程之間，學者們反覆對公民認知成本和公民利益進行討論，逐步修正，而使得政治學意義的「公民」，與「具有成本意識的消費者」和「接收訊息的受眾」之間開始有概念上的某種交集與交流。透過這些對於選民的早期研究中，可說已呈現出政治行銷消費者的觀念雛形了。

二、第二階段

雖然政治經濟學、政治社會學和政治心理學傳統，以及政治遊說研究等，深深影響了政治行銷的理論肇始，但學界對政治行銷的理論探討，主要出現在二十世紀七○到八○年代，在這段期間，以方法論個人主義、數學演繹方法和經濟模型為特點的理性選擇理論、非營利組織行銷理論和政治傳播學中的競選傳播理論，為政治行銷學確立了理論架構。從這段時期之後，政治行銷才算是開始在學術研究領域奠定基礎。

(一)理性選擇理論

在七○年代初期，英國與美國有關經濟情況對選舉結果的影響，大致皆依循唐斯的脈絡（Marsh & Stoker；陳菁雯等譯，1998：105），稱為「理性選擇理論」（Rational Choice），繼續深入探討如何運用經濟學解釋候選人、政黨、政府以及選民如何做出政治決策。在經濟學的影響下，理性選擇理論透過分析使得政治學研究獲得科學的研究方法，「使用經濟學的分析工具，利用邏輯和演繹，研究理性的行為主體如何將想要得到東西的機會最大化，這是對非市場決策行為的經濟分析」（McLean, 1987: 1）。理性選擇理論的興起，對選民投票行為研究、利益集團政治遊說研究、政黨競選政治研究、政府官僚政治研究等產生重大影響，得出許多關於政治行為的理論模型，這

些模型大多成爲政治行銷學重要的理論工具，如個人投票決策的決策理論模型、政治一體化結構中的博弈理論（Game Theory）模型、政黨競爭的空間模型、競選決策的資源分配模型等等。尤其是資源分配模型，能夠幫助候選人在選舉中最有效地利用其有限的時間和金錢。

理性選擇理論確立了一些分析政治行爲與現象的基本假設，理性選擇理論的假設可概括爲五點：(1)理性之人的行動以及追求效益最大化；(2)某種前後一致的要求必須是理性定義的一部分；(3)每一個人都想按某些效益的尺度來度量、並最大化自己最後得到的期望值；(4)相關效益最大化的行動者是個人；(5)研究得出的模式同等地應用於所有人（Green & Shapiro, 1994；徐湘林、袁瑞軍譯，2000）。基於理性選擇理論的假設，個體總是依據理性採取行動，追求效益最大化，因此無論是選民的投票行爲，或消費者的購買行爲，集體行爲都能夠根據效益最大化的原則來進行經濟學的分析，因此把「政治人」等同於「經濟人」，以及把政治理性等同於經濟理性，政治學家也能夠借重市場運作理念來解讀政黨競爭和競選政治現象。

在思想史上關於理性的內涵有非常豐富的討論，此處的理性觀念主要是工具理性，也就是如何在既定成本的條件下達到最大效益，或者如何在既定效益的條件下維持最小成本的一種思維方式與策略。以「理性且自利」這項經濟學的分析基礎來考察民主政治的運作模式，就會發現：當一般選民受到資訊不確定的影響（即有限的理性），各黨派團體便以「說服」選民的方式在互相競爭；當選民具有一定見解時，他們關心的是對自身有利的具體議題、而不是抽象思辨，而當大部分選民的政治態度趨於溫和時，政黨之間的意識型態對峙也會愈模糊，政黨或候選人爲求勝選，政策或政見內容會更緊盯著選民所關心的實際問題（李培元，1997：50-51）。理性選擇理論試圖從實質處境關係的個人利益立場出發，設定出「理性且自利」的經濟人形式關係，並進一步當成對實質處境關係的解釋法則。熊彼得等經濟學者從

而將政治領域類比為經濟領域，人們在市場機能（民主制度）的運作過程當中互相競爭，經過不斷地重複運作，使規則趨於穩定，最終形成公共利益。可以說理性選擇理論和政治市場概念，為政治行銷奠定了進一步發展的理論基礎。

(二)政治傳播理論

政治傳播的相關研究，源於兩次大戰中宣傳對民意影響的研究、四〇年代美國選舉的研究、大眾傳播媒介對政治行為影響的研究，以及學界長期以來對於傳播媒介、政府與民意互動的研究興趣（Nimmo, 1977: 441-442）。六〇年代盛行的比較政治研究，多認為政治是受傳播影響的，有學者認為傳播是大眾媒介的同義字，也有學者認為傳播是社會過程，社會統合及發展都少不了傳播。七〇年代更多傳播學者加入研究政治傳播的熱潮，研究的重點是以大眾傳播與政治之間的互動為主（彭芸，1986：8）。

分析五〇、六〇年代的政治傳播研究，由於受到當時行為主義（Behavioralism）的學術思潮影響，學者都希望建構有經驗意涵與系統架構的科學理論，再加上社會學的主流典範——功能主義（Functionalism）的制約，使早期政治傳播學者多將政治傳播視為政治體系的必要功能活動，並特別注意過程，對於政治傳播的研究著重政治訊息的傳送與接收，本質上不脫控制論（control perspectives）的角度。六〇年代以降，由於美國總統選舉成為大眾關注的焦點，且有史以來第一次電視播出總統的選舉辯論，大眾媒介的影響力開始取代人際傳播，而成為影響選民行為的重要變數。因此，七〇年代的政治傳播學者多將研究焦點集中於「如何說服選民」的問題上，有學者稱之為「選民說服典範」（the voter persuasions paradigm），即研究大眾媒介如何影響選民的投票行為（柯金儀，2004：5）。

投身大眾傳播關係與競選活動研究的學者們學術背景十分多元，

包括政治學、心理學、社會學、傳播學與新聞學,以及市場行銷學界,但一般共識是把競選活動視為說服他人的政治傳播活動。同時,儘管彼此學科背景各異,大多數從事競選傳播研究的學者都把重點放在大眾傳播媒體的影響上,不僅研究大眾傳媒對選民的影響,更重視如何運用大眾傳媒去影響選民的政治行為等問題。可以說政治傳播與政治行銷在理論方面具有同構性,彼此的發展可能成為對方發展的動力。

(三)非營利組織行銷理論

深受行銷學和政治學之惠,政治行銷的發展與市場行銷理論的發展也有著不可分割的關連。二十世紀初期,隨著資本主義工業化的發展,無線電、汽車、電燈、工廠等進入人們的日常生活,人類文明進入一個崇尚新產品設計和開發的工業創新時代,行銷也逐步成為企業的管理職能。早期行銷理念是產品導向(product oriented)的理念,就如科特勒所說:「大家堅持的行銷理念是,只要行銷者做得好,顧客就會自動上門。」企業組織成功的關鍵在於給市場提供產品和服務,整個社會遵循「供給自動創造需求」的薩伊市場定律(Say's Law of Market),只要提供產品和服務,就會改變大眾的購買行為。這段期間逐漸形成了商品學派、職能學派、區域學派、機構學派等眾多理論學派。

然而,二十世紀三〇年代的經濟大蕭條對產品導向的行銷理念帶來致命的打擊,整個社會需求萎縮,生產和銷售都出現過剩情形。行銷理念遂從競爭的觀點出發,認為因應新形勢,行銷的關鍵是如何說服消費者做出購買行為,或改變對特定產品和服務的購買偏好。於是,行銷理念開始從產品導向轉向銷售導向(sales oriented),「推銷術」成為成功行銷的代名詞。迄今為止,銷售導向的行銷理念依然是許多商家秉承的主導行銷理念。在此期間,行銷理論形成了以研究推

銷管理過程的管理學派、系統學派、社會交換學派等理論學派。

二戰後隨著西方國家與社會的生活逐漸恢復，中產階級和白領階層成長，於是產生了新的行銷哲學。中產階級和白領階層的消費十分精明，對產品和服務更挑剔，更願意按照自己的需求、欲望、觀念、偏好和滿意度做出自由選擇，不愛聽從推銷者的勸說。面對此種挑戰，行銷界逐步確立起消費者導向（consumer oriented）的行銷理念。與此同時，行銷作為一種實用的技術開始為非營利組織所運用。從二十世紀七○年代開始，有些非營利組織嘗試應用行銷理論來實現其組織目標，關於非營利組織的運作和理念推廣方法受到重視。在1969年，科特勒在其〈行銷觀念的擴大〉一文中首次以非營利組織觀念運用行銷理論（Kotler & Levy, 1969: 10-15），隨後得到許多學者的認可和支持。「行銷是一種非常普遍的社會活動，不僅僅只是銷售牙膏、肥皂和鋼鐵。政治競選讓我們瞭解到候選人就像肥皂一樣被銷售。」科特勒認為公立學校甚至警察局，都可找出「商品」和「顧客」的類比關係，也可以運用行銷工具。科特勒在1982年出版《非營利組織行銷》，書中用一個章節的篇幅探討政治候選人的行銷問題，認為此領域未來將持續發展。《選戰與選舉》（*Campaigns and Elections*）雜誌的發行，以及組織動力學派、消費者主義學派、購買者行為學派、巨集觀市場行銷學派等行銷理論的提出，對於政治行銷的發展無疑具有十分重要的意義。1983年，美國學者毛瑟出版了《政治行銷：競選策略的新路徑》一書，就政治行銷的理念運動到政治競選過程的分析，提出一整套實用的策略性定位操作方法，對美國總統與國會的選舉、法國選舉與美國選舉的比較、低度參與和高度參與的選舉等等進行了系統考察，象徵著政治行銷理論基礎的奠定。

三、第三階段

進入二十世紀九○年代，隨著冷戰結束、民主化浪潮的發展以及資訊科技革命的發展、網際網路的普及和推廣，政治行銷更受學界關注，有越來越多學者注意到政治行銷並投入心力研究。

1990年，英國學者奧蕭尼西在《政治行銷現象》（*The Phenomenon of Political Marketing*）一書談行銷運用在政治上的現象，指出美國選舉運用政治行銷的情形，認為政治行銷已成國際趨勢，對政權的穩定以及社會化均有正面影響。1994年，美國政治行銷學者紐曼出版了《營銷總統：選戰中的政治營銷》一書，在書中，紐曼提出了一個涵蓋「環境分析—候選人理念（政黨概念、產品概念、銷售概念和行銷概念）—行銷攻勢（市場區隔、候選人定位、策略設計與實施）—政治選戰過程」的分析模型，並運用這一模型對柯林頓總統競選過程進行了細緻分析，成為政治行銷學的經典之作，奠定紐曼在國際政治行銷學界的權威地位。

近年來，各國政治行銷學者包括紐曼、毛瑟、斯卡梅爾、漢尼伯格、奧蕭尼西、李—瑪仕蒙等等，針對政治行銷展開各種研究，特別對政治候選人定位、競選策略、競選宣傳等，以及政治行銷理論的構築，累積出相當可貴的成果。1999年，紐曼主編《政治行銷指南》（*Handbook of Political Marketing*）匯集多位政治行銷學者對政治行銷的多角度、多層面研究，共四十章，內容分為六大部分：一是政治行銷的概念與歷史源起分析；二是政治選戰管理；三是政治市場分析；四是政治策略發展；五是選戰管理實務；六是政治行銷與民主的價值與倫理分析。全書內容既有對政治行銷的哲學分析和理論探討，也有大量政治行銷實踐研究和技術分析，更包括關於政治行銷對民主理論、政治制度和現代社會影響的脈絡梳理，堪稱是政治行銷研究的重

量級參考經典（Newman, 1999）。

　　進入二十一世紀，選舉行銷、媒體行銷的研究日新月異，特別是政治行銷的實務研究與案例分析研究成果累積迅速。目前看來，政治行銷相關研究成果最值得注目的是政治市場環境分析、行銷策略組合、媒體操作成效，以及探討政治行銷與民主、政治行銷與文化等各方面關係。

第二節　政治行銷的研究方法

　　1988年，舍思（J. N. Sheth）在其主編的《行銷理論：演化與評估》（*Marketing Theory: Evolution and Evaluation*）一書中，從宏觀與微觀層次，整理出各理論的特點並加以闡述，將十多種不同的行銷理論分為四大學派（趙可金、孫鴻，2008：54-55）：

1. 交換學派（亦稱選民行為學派）：主導微觀政治行銷理論，主要研究選民的個別行為、政黨的個別行為，以公共選擇理論為主。
2. 傳播學派：主要從傳播學角度探討政治行銷過程，特別是訊息交流對選民行為的影響等。
3. 管理學派：將重點放在選舉行銷過程中行銷工具管理，多數研究集中於政治行銷研究、政治行銷策略、政治行銷工具等操作性問題。
4. 體系學派（政治宏觀行銷學派）：強調用政治體系的方法研究政治行銷過程中的政治關係，特別著重政治行銷與民主政治的關係問題，把政治行銷看作是競爭性互動的整體，從整體觀點看待政治行銷。另外一些學者也提出了政治經濟行銷學派、關

係行銷學派等看法。

一、政治行銷的理論

　　舍思的區分可作為一個綜觀政治行銷各學者理論的參考，但仍可再加以補充與修改。有些學者如紐曼，著述內容相當豐富，涵蓋面也廣，其實並不容易劃歸某一特定學派。以下關於政治行銷的區分是參考舍思的分法，嘗試從政治行銷的研究方法與對象進行區分，劃分的目的在於將各理論進行一個提綱挈領的比較，從而對政治行銷的理論建立起較為全面的理解。

(一)行銷工具論

　　這一類別的代表學者包括紐曼、科特勒、毛瑟等，是許多政治行銷研究者耳熟能詳的名字，其共通之處是重視行銷作為一種工具的意義，將之應用於政治現象，透過政治行銷的管理與規劃，使選民的投票行為能夠反映成效。

(二)行銷交易論

　　這一類別的學者傾向把政治市場看作是兩個，或者更多擁有某種具有價值的行為體相互交換的體系，政治行銷就是形成、促進與維護彼此之間的交易活動，使之滿足（政治）消費者的需求、欲望、偏好和提升滿意度，認為政治行銷學應該研究如何促進政治交易活動的完成與擴大。多數英國學者如斯卡梅爾、李—瑪仕蒙、奧蕭尼西等都可以歸屬這一類。

(三)行銷關係論

　　這一類別的學者從行銷交易論的基礎出發，進一步主張政治行銷應當關注全盤式的、策略性的行銷過程，注重在政治行銷過程中形成

的各方互動關係，著重建立、維持和提升政治市場之內的網絡，經營與行銷對象的長期關係，以承諾—信任的政治關係爲研究重點。

(四)後現代行銷

自二十世紀九〇年代以來，受到後現代思潮、各種批評理論、建構與解構影響所及，將後現代納入政治行銷的理論範疇也成爲一個重要的學術走向，研究者傾向關注（政治）消費者的價值需求、利益團體的偏好結構以及政治訊息的意義等，近年來亦開始累積研究成果。

二、政治行銷的研究方法

除了從理論層次切入，學者們也在政治行銷的研究領域中確立各種研究方法，可概括爲下列五種：

(一)行爲主義研究方法

行爲主義研究方法採取定量分析、數據歸納等方法，集中於探討選民行爲及政黨政治行銷行爲的問題。

(二)政治傳播方法

政治傳播方法主要採取輿論調查、大規模樣本分析及涵化理論等方法，著重大衆傳播媒體對民衆政治行爲的影響問題，尤其是選舉期間政治行銷如何利用公關和傳播的管道對選民的投票行爲產生影響。

(三)理性選擇理論方法

理性選擇理論的方法是政治行銷學的基礎工具，主要採取數學模型、定量分析以及數據分析等方式研究政治市場的規律，當分析競選過程中的政黨行銷時，此方法格外重要。

(四)批判方法

自二十世紀八〇年代以降，有學者投入政治行銷的批判與分析研究，特別從消費者行為研究切入，從後現代與解構的觀點去挑戰貌似中立的客觀實證研究，質疑量化研究不夠能掌握政治行銷行為的意義，應當更關注政治制度、文化、社會等意義，才能解讀政治行銷背後的倫理問題、價值問題及與民主的關係等等。

(五)比較研究

近年來，比較不同國家的政治行銷實務成為國際學術界的一大趨勢。在比較政治行銷看來，不同環境下，政治行銷需要進行一定的調整以適應需求。李—瑪仕蒙於2005年出版的《政治行銷：一個比較觀點》一書，彙集了學者們比較美國、英國、德國、奧地利、巴西、秘魯、加拿大、紐西蘭、愛爾蘭等不同國家的政治行銷，呈現不同國家政治行銷的特點，其研究成果受到學界重視。

從學術發展的過程來看，最初的政治行銷研究來自政治學與經濟學的交會，逐漸從經濟學、管理學、行銷學、傳播學朝向政治領域一步步探索而建立起許多重要研究成果。其中政治學、傳播學和行銷學堪稱構成政治行銷最關鍵的理論基礎。由於政治行銷受到政治傳統、不同社會與文化、各國歷史傳統等因素的影響，文化學、社會學、歷史學、地理學等學術領域也是研究政治行銷不可忽視的背景脈絡。

透過比較方法，政治行銷學者們普遍認為建立普遍有效的政治行銷模式是十分困難的，特別是政治行銷涉及許多複雜、獨特而細緻的操作，例如探討選戰過程中哪些因素如何影響選民決策，以評估政治行銷活動的有效性，就無法與一般行銷一概而論。此外，也應當注意到探討政治行銷時的國家、社會、文化背景、史地脈絡甚至社經結構，不同的國家在政治制度、歷史傳統和公民文化之間存在諸多差異，在一個國家適用的規則未必適用其他國家。曾有歐洲學者擔心過

度倚賴美國學者的政治行銷研究方法和研究成果，可能造成歐洲政治研究的「美國化」（Americanization）問題，這也是一些學者開始關注比較政治行銷問題的源起。不過即使如此，政治行銷作為現象，依然有一些共通之處值得探討，而透過比較研究，融入在地化研究成果，則更能豐富研究的有效性與普遍性。

第三節　政治行銷與台灣民主化過程

　　要探討政治行銷與台灣的民主化過程不是一件容易的事。首先，數百年來，統治台灣的政權先後更迭，每個不同的政權／政體造就出不同的國族想像與認同，同時社會經濟結構也對於政治發展有著重大的影響，逐漸累積出台灣迥異於其他國家的獨特歷史經驗與存在處境。而選舉作為展現民意的機制之一種，呈現出來的往往就是不同國族、族群、階級、信仰、甚至文化品味的多重角力結果。舉例來說，初具規模的選舉機制，出現在日本統治時期後期，在清朝時期的台灣，閩客兩族群因語言差異與經濟利害問題，長期以來衝突頻繁；在日治時期，因閩客都被日本視為殖民地人民，政治地位相同，族群反而趨向整合。在1945年後，基於國民政府遷台後建立起的統治結構，出現所謂「外省人／本省人」的差異觀點，更發展形成了意識型態的差異，乃至今天在台灣每逢選舉人人耳熟能詳的所謂「藍綠對決」。這是長期形成的現象，並非旦夕之間可以消弭。就以重大事件作為台灣民主發展的分水嶺，從國民政府遷台以來，從戒嚴到解嚴、開放黨禁報禁，為第一階段的民主起步期；李登輝時代終止動員戡亂時期、全國民意代表直選到首次總統直選，為第二階段的民主轉型期；2000年陳水扁當選總統，到2008年馬英九當選總統完成第二次政黨輪替，又順利連任成功，迄今為第三階段的民主鞏固期。

　　胡佛教授解釋我國的民主政治變遷，指出在戒嚴時期，人民一方面擁有在競爭性的選舉中，選擇統治權威的自由，一方面經由各種參與模式，影響政府的決策；就民間社會看，民主是人民擁有相對於國家的個人及社會的自由，而統治階層在民主的結構上，則是分權與制衡（胡佛，1998b：36）。雖然依據憲法，中華民國爲一民有、民治、民享之民主共和國，但民主化絕非一蹴可幾，而是一個複雜曲折的動態歷程。隨著一次又一次選舉的舉辦，對於促進台灣的政治民主化，產生了諸多質與量的重大轉變，而在此一漫長的變遷歷程中，政治行銷也扮演不可或缺的重要角色。以下先根據時間分期，概述台灣的民主化過程。

一、日治時期

　　1920年代左右，尚屬日本殖民地的台灣社會對於政治自治強烈爭取，使得總督府不得不釋放出部分權力。在台灣舉辦選舉，最早是在日治時期1935年（昭和10年）11月22日舉辦了第一屆市會及街庄協議會員選舉（維基百科「1935年臺灣市會及街庄協議會員選舉」）；日治時期僅舉辦過兩次選舉，第二次是在1939年11月21日。嚴格來說，日治時期的台灣雖然有不少政治團體，但是作爲殖民地，台灣人並沒有與日本人平等的參政權，選舉只能選出少量的民意代表，加上對參選者嚴格的財產限制，有投票權的選民數過少，距離眞正的民主普選還有很大一段距離。

　　值得注意的是，這次選舉參選人的一些選舉活動，與後來的台灣選舉頗有類似之處。根據當時台北市會議員當選人陳逸松回憶，選前十幾天的公開活動，他接連在室內各地演講，總共講了三、四十場，在沒有麥克風的年代，嗓子都啞掉了。還有人幫忙編競選歌曲，發傳單，挨家挨戶拜訪，「不一而足，花招盡出」。不過整體說來，全台

除了三十餘件的違規事件以外，選舉的選風尚稱和平，值得稱道。當時任台灣地方自治聯盟常務理事楊肇嘉說，這次選舉好人願意出頭，出馬競選，「候選人與其運動員（指助選員）絕無宴客或賄選的情況發生，選民投票是自由而秘密的。」官方也要求競選期間候選人與選民不能單獨接觸交談，投票日在投票所方圓兩百公尺之內，禁止任何競選活動。並在選前給文盲辦理講習，讓他們有能力從事選舉。

　　1945年8月15日日本天皇裕仁廣播投降，10月24日陳儀以「台灣省行政長官兼台灣警備總司令」身分來台，自此台灣進入中華民國時期，也正式踏上民主轉型的漫漫長路。

二、兩蔣時期：從戒嚴到解嚴

　　依據憲法，中華民國為一民有、民治、民享之民主共和國。《中華民國憲法》頒布於1946年，1947年於全中國範圍選出行憲後第一屆立法委員，共計759席。1949年，國民政府自中國退守台灣，1950年，立法院亦播遷台灣，當時來台的立法委員約380餘位。國民政府遷台，當時執政的中國國民黨立即面臨嚴重挑戰：台灣在1945年10月剛脫離日本殖民統治，還不到兩年，1947年2月28日就發生了不幸的二二八事件。長達五十年的分離再加上二二八事件的巨大悲劇，相當影響到當時台灣社會對國民政府與執政黨的信賴。在此動盪不安的局勢下，執政黨必須要贏得台灣人民的支持並重建政權的正當性。

　　在內部結構有待整合重建，以及與民間社會缺乏互信的雙重危機下，國民黨採取的方法是一方面建立威權統治，一方面實施有限的民主，將台灣人統合進國民黨的威權體系中。從1950年開始，國民黨採取有限的地方自治，本省人被允許在省的層級以下選擇民意代表，也可以在縣的層級以下選擇政府首長，當然這些選舉是部分而有限的（胡佛，1986b：39）。當地方選舉定期舉行，卻逐漸帶動了國民黨威

權統治的轉型，包括政權的本質和運作兩方面都產生了不可逆轉的變化；選舉本身具有一種特殊的機能（mechanism），即選舉不斷地進行，參與角逐者會愈來愈多而競爭激烈，選民也會愈來愈要求選舉的公正與自由。這種機能終於逼使執政黨不能不逐步放鬆控制（胡佛，1998b：17）。

經過多年極力爭取，台灣對於民主化的追求逐漸凝聚成普遍社會共識，沛然莫之能禦，難以再強行壓制，到1986年，第一個實質意義上的反對黨——民主進步黨——終於成立。1987年7月15日，《國家安全法》開始施行，同日中華民國正式解除在台灣實施了三十八年的戒嚴（金門與馬祖則在1992年11月解除戰地政務），隨後又解除實施了三十多年的黨禁和報禁。1988年蔣經國逝世，李登輝接掌政權，在總統任內逐一進行政治民主化，1991年，第一屆立法委員全數退職，1992年首次進行立法委員全面改選，共選出161席。隨後每三年一屆如期改選，1998年再增為225席，並開始增設不分區立法委員。終止動員戡亂時期，李登輝於1996年成為中華民國第一位民選總統，奠定了台灣民主政治的基礎工程。

三、邁向民主鞏固期

從中央民意代表的全面改選，到直轄市長與台灣省長的直接民選，乃至1996年總統的直接民選，一場場的選舉象徵著台灣政治民主化過程的一步一腳印。2000年3月第二屆民選總統的選舉結果，由民主進步黨籍的陳水扁贏得勝利，首度完成政黨輪替，被視為台灣政治民主化過程中民主實質意涵的劃時代里程碑。民主進步黨執政八年後，中國國民黨籍的馬英九贏得2008年總統大選，完成第二次政黨輪替，於2012年總統大選，馬英九擊敗民主進步黨籍候選人蔡英文與親民黨籍候選人宋楚瑜，順利連任，展現台灣民主政治的成熟。

政治行銷對於台灣民主化的意義

　　解除戒嚴無疑是台灣民主化過程的重大轉捩點。無論如何，戒嚴時期的國家體制對於台灣現代社會的形成有著極其深遠的影響。根據胡佛教授分析，威權體制的形成、鞏固、維繫與衰退，與台灣民主化的過程，在某種程度上是相對的。在兩蔣時期，雖然實行選舉，但嚴格來說，並未完整實現一個自由民主國家所應擁有的自由與權力。「這種民主所具的功能很有限，在性質上是工具性的而非目的性的，主要的作用不過是用來鞏固一個威權政體的一黨統治而已。換句話說，一個政治體系只有部分而有限的民主那是不能被稱之爲民主的」（胡佛，1998b：36）。既然爲威權體制，爲什麼又會有選舉的存在？如前所述，在二二八事件之後，執政當局體認到強力壓制可能會引發強烈的反彈，傷害到整個政治體系的安定性，因此改而採取了漸進式策略：一邊逐步放鬆革命威權體系，一邊緩慢增加民主機制的調節。選舉是能夠將不斷湧現的經濟和社會力量，吸收整合入政治系統之中的重要機制。國民黨利用對選舉的操作，一方面能夠與地方政治菁英合作，也能夠將地方的政治與社會勢力與資源逐步統合到政黨的結構之中（胡佛，1998b：28）。這同時部分解釋早期台灣社會對國民黨觀感極差，但國民黨又常贏得地方選舉的原因（鄭自隆，2004：14-15）。

　　隨著經濟發展、社會結構及政治情勢的演變，台灣選舉的內容及風氣也跟著出現許多變化。在西元五〇年代，選舉參選人主要是各縣市傳統的地方菁英，包括地主、醫生及少數的鄉紳，他們在地方上由於接觸面及於基層民眾，容易建立起地方性的聲望，在選舉時自然有廣大的支持群，這類的社會菁英順理成章地成爲地方上的政治菁英。在傳統鄉紳菁英與民眾之間存在著上下敬畏關係的情況下，選民對地方菁英的選票支持，是一種情感的表達，也是對菁英平時所給予民眾

照顧的一種回饋與感激之情的反映，此時選舉的文化是傳統上民眾對地方鄉紳菁英交心的延伸。一般而言，台灣地方菁英已有很高的政治參與取向與認知，比一般民眾有更多的決策或公共參與權，他們絕大多數人已有很清晰的多數權與少數權理念，同時具備強烈的多數決取向，並具有少數服從多數的民主價值取向（胡佛，1998b：40-44）。

但在台灣社會經濟開始繁榮，傳統社會結構遂逐漸受到工業化的衝擊，隨著科技進步，民眾知識水準普遍的提高，台灣社會開始邁入劇烈變化時期，從一個單純的社會轉變爲複雜多端的社會。首先是土地改革，地主階層的力量迅速在農村萎縮，原有農村社會的領導階層開始動搖，傳統仕紳的影響力已有減少的趨勢。工商業者及大陸移民在城市中形成新興市民階級，成功的企業家和現代政客迅速取代了舊社會的仕紳階級。從光復以後到縣市省議會時期，台灣社會還屬傳統的農業社會，少數仕紳有效領導爲數極爲龐大的農民。這時農村領導人大都是地主或高級知識分子，農村社會在傳統道德的孕育下，地主與佃農的勞資關係仍然非常和諧，選舉無須經過激烈的競爭和宣傳，純樸的選民格外珍惜祖先在日本人統治下爭取數十年猶不可得的選舉權。當傳統的上下敬畏結構無法再發揮作用，派系或候選人爲中心的人脈動員關係無法再如同以往般有效動員選票，選舉中的參與主角由以往的地方鄉紳，轉而爲新興起的地方財力雄厚之士所取代，「如何贏得選戰」變成一個更複雜的挑戰。

在早期的選舉中，許多選區僅有一位候選人，只要是國民黨提名的候選人就可以輕易贏得選戰。然而當越來越多的政黨菁英彼此爭奪黨提名時，爭端隨之增加，有候選人違紀參選，也有退黨參選，這種情況越來越常發生，不是用黨紀所能壓制的（胡佛，1998b：46-47）。越來越多競爭者加入選戰欲爭取政治和經濟的優勢，也必須將自身的動機合理化，並盡可能將自己的主張讓更多的選民獲知、進而被說服。台灣最初的政治行銷，可以說就此萌芽。

　　因爲戒嚴時期有黨禁、報禁的關係，媒體的新聞自由若不是受有關單位的操控，也都自我設限，不敢有公正客觀的報導；而戒嚴時期的公式選舉文宣一般僅止於競選公報及政見發表會的刻板形式，連散發傳單的做法都極少採用。在特殊的時間空間條件限制下，在選戰中運用行銷方式來宣傳，有其特殊的魅力與意義：一方面來說，當市場中逐漸產生越來越多競爭者，競爭者衆，欲求當選，花招百出。新生代踴躍參與選舉的結果，就是將許多當時還非常新穎的觀念運用在選舉過程中，以行銷的方式來進行政治上的自我包裝，相較於當時傳統的農村式人情網絡組織關係，是一種相對而言帶著進步、新鮮、開明、自由等意味的方式。

　　另一方面來說，由於快速的都市化、教育普及和生活富裕等轉變下，反對立場相對較容易得到具有自信、且經濟穩定的選民的支持，而敢於對威權結構的正當性挑戰。一份文宣印出，選民爭先恐後索取，一場演講經常吸引數萬的選民前往聆聽，因爲這些都是在平時的報紙上看不到、平時的廣播電視裡得不到的資訊（黃嘉樹、程瑞，2001：110-113）。候選人重視政治行銷，因爲若能有意識地在選戰之中運用行銷去自我包裝、自我推廣，有助於讓更多選民在諸多外在條件限制之下，仍能取得和自己有關的資訊，從而更有可能說服選民投自己一票。將行銷運用在選戰之中，一時遂蔚爲潮流，特別是在快速發展的都會區，文宣作業格外受到重視，傳單與政見成爲黨外候選人打勝仗的兩大法寶。在台灣民主化、都市化與資訊傳播普及，以及社會不斷流動、融合的結果，舊有威權秩序的裂縫越來越大，國民黨政權被迫不斷對這些反應做出回應，於是也帶來了包括黨內權力結構本土化和之後更廣泛的政治解禁。

　　就我國的社會經濟結構來看，選舉一方面影響台灣的社會變遷，一方面也受社會變遷的影響；隨著越來越多社會資源被動員到選舉過程之中，選舉變得更制度化，也成爲地方政治菁英得到認同的主要制

度，更形成地方權力結構的基礎（胡佛，1998b：72-74）。逐漸地，作為執政黨的中國國民黨發現政治體系不但不能沒有選舉，還開始面對贏得選舉的壓力，這使得國民黨也逐漸加強選民研究，以求在選戰中贏得更輝煌戰果，逐漸有了現代化的文宣運作。1983年增額立委選舉，國民黨台北市黨部率先以商業廣告方式進行競選傳播，市黨部與精湛廣告公司合作，推出「鄉土之情」系列廣告：包括以鄉土歌手陳達為模特兒的「思想起」、以雕塑家侯金水作品「母與子」為主題的「一眠大一吋」、以洪榮宏暢銷歌名為文案標題的「雨、哪會落不停」及分別以歌手蘇芮、羅大佑為模特兒的「一樣的月光、兩樣的心情」與「亞細亞的孤兒──獻給珍惜國家前途的同胞」共五張系列海報。推出之後引起大眾驚豔而紛紛索取，後來還印發成卡片書籤，其中幾張還得了當年時報廣告的銅牌獎（謝金河、范揚松，1983：85-87；鄭自隆，2004：21-23）。這波文宣的成功，被認為是國民黨在台北市選區能打一場漂亮勝仗的主因之一，也是我國政黨運用政治行銷的操作而在選戰中獲得成功的首例。

隨著時間的推移，台灣政治的發展在整個民意的推動暨參與下自然有所改革。1987年以後，台灣的政治文化隨著黨禁被突破及解嚴、開放報禁等自由化改革，出現了威權體制解體和自由多元傾向的趨勢，民主自由之風大行其道、抗爭的激情充塞各黨各派、政治參與的熱浪湧向各行各業。這種極有利於抗爭和參與的氣氛，進一步使得政治行銷有了更多發揮的空間。首先，戒嚴解除和報禁開放，媒體的言論空間擴大，而且媒體為了生存，為了滿足讀者的胃口，報導已不再有任何顧忌。相較於長期在戒嚴高壓之下抗爭，在解嚴之後新的自由空間裡，人們開始更放手去嘗試各種可能性，更公開地運用政治行銷的方法宣傳、包裝、鞏固支持群眾、攻擊敵對一方等等。1990年代，政治人物爭相引進歐美市場化的選戰模式，聘用專業的廣告、公關公司設計競選口號、候選人形象、策劃競選活動方式和主題等等，各種

專業選舉公司紛紛成立，除了原有廣告公司外，選舉公關公司也由三家增到十五家，不少媒體出身的資深記者也投入選舉公關行列，選戰行銷方面的專著也在此時期大量出現於坊間。在2000年總統選舉時，政治行銷的運用與受關注程度堪稱臻於頂峰，主要三組候選人——宋楚瑜、連戰、陳水扁——在競選行銷策略上的運用，可謂空前深入，其中民進黨透過密集的廣告文宣，將陳水扁塑造成「台灣之子」的本土化形象，普遍認為陳水扁團隊善用政治行銷為自己包裝，為贏得選戰的重要因素之一。

在2000年之後，隨著網際網路的普及，政治行銷更開始增添了網路這一新興戰區。時至今日，社會大環境不再是資訊匱乏，而是資訊飽和過剩，選民有充分的多元來源獲取資料，好奇激情不再，行銷宣傳的內容若又了無新意，效果必大打折扣。在2000年時各個候選人的競選廣告已經頻繁出現於大眾傳播媒體，到了2012年，不僅平面媒體、電子媒體，連網路媒體都是兵家必爭之地，要在這麼多不同的媒體平台上進行無比複雜的全面作戰，政治行銷的地位不僅並未稍減，反而更形重要。

第四節　新媒體時代的政治行銷

隨著科技進步，將網路納入選戰的戰場約從1990年代開始。近十年來「網路選戰」（Web Campaign）成為相當熱門的研究主題，以我國的網路研究而言，從2000年到2008年這三屆總統大選，乃至歷來中央、地方各層級選舉，都有為數不少的研究者投入分析。台灣最早的網路選戰研究，源自1994年的台北市長選戰，當時的網路科技還在發展的階段，莊伯仲指出，當時的民進黨市長候選人陳水扁在支持者的協助下，幫競選總部設立了一個具有十條電話線撥接網路

的「市政資訊BBS」，隨後新黨籍的趙少康也推出了二十條線的「趙少康BBS」，國民黨的黃大洲也推出BBS，這是台灣第一場使用網路作為媒介的選戰。1995年立法委員選舉時，網路開始走向商業化，也變得更加普及，上網人數增加，國民新三黨都正式成立www形式的官方網站，確立網路成為了選戰中的不可忽視的戰區之一（莊伯仲，2007）。

　　台灣的網路使用人口從1996年的六十萬人，增加到2009年的一千四百六十六萬人，十二年之間，增加了二十四倍多的網路使用人口，全國網路普及率在2010年時突破七成。台灣的網路使用人口年齡層不斷向兩極發展，也就是使用網路的老人年齡層往上，以及幼童人口的年紀往下發展的趨勢，鄉鎮地區的數位落差現象縮小，選民對於電腦網路越來越熟悉。基於使用網路的人口越來越多，而「網友」的力量也越來越大，候選人更加注重「網路選民」，並將自身在網路上所展現的形象、與網友的互動等納入政治行銷的規劃之中。以下以時間作為分期，概述我國選戰中將網路納入政治行銷之情形（徐承群，2010）：

一、2000年以前

　　我國的網路早期為教育部控管的「台灣學術網路」（TANet），之後逐漸走向商業化。從1996年首屆民選總統大選開始，當時的各組總統候選人就已架設網站，希望能夠達成理念的宣揚、徵求支持，並希望吸引年輕人的選票等。不過有學者指出當時台灣網路尚未普及，在選戰之中應用網路的宣傳效益不大，主要是彰顯候選人對於年輕族群的重視程度。

　　在1997年的縣市長選戰時，網路使用人口逼近兩百萬人，對於候選人而言是個誘人的數字，所以幾乎所有候選人都設立個人網站。當

時包含國民黨、民進黨、新黨、建國黨都在自己的網站上面，設立選舉專頁與黨內的候選人網頁相連，並統合網路文宣，希望進一步發揮網路媒體的優勢。不過有些網站有專人維護，資料更新迅速，有些網站則設計考慮不周，不是缺乏內容，就是圖檔過大，未考慮民眾的網路頻寬問題。而且在選舉結束後許多候選人就關閉網站，可見網路還是被視為暫時性的傳播媒介，並沒有長期經營的觀念（彭芸，2001：335-336）。

　　1988年北高市長、議員及立法委員的三合一選舉，當時總上網人數已經有三百零一萬人，連線主機也超過五十萬台，隨著網路人口增加，更多候選人不敢輕忽網路這一塊。1998年的立委選舉使用競選網站的人數有一百位，比1995年的立委候選人只有七位設立網站，多了十四倍，成長速度驚人。以北高議員與全國性的立法委員相比，北高市民的上網人口多，也使得北高市議員設立網站比率有三成一，比全國性的立委候選人網站二成五為高，換言之，以縣市的人口分布而言，台北以及高雄兩市的都會型候選人，還是對在選戰中運用網路來政治行銷的態度比較積極（莊伯仲，2007：48-61）。

　　以1988年選情最為激烈的台北市長選戰為例，當時陳水扁的網站瀏覽人數高達三十七萬多人次，馬英九的為十四萬多人次，王建煊的為五萬多人次。在1994年的市長競選中，陳水扁就是獲得許多年輕選民的支持，因此奠定其一直抱持爭取年輕選民的企圖心。陳水扁在擔任市長期間，也陸續推動市政上網等措施，網路的經營班底在三位候選人中可說是經驗最豐富完整。然而選舉結果，陳水扁以688,072票敗給馬英九的766,377票而落選（彭芸，2001：350-363）。從政治行銷的觀點來解讀此一結果，可以發現一個很有趣的問題：網路上的現象與現實中的行為未必完全相符。許多研究網路的學者已指出人們可能會在網路上與現實中展現不同的面向，以這一場選舉為例，瀏覽候選人網頁的行為、與在選舉中實際投票支持該候選人的行為，要使二者產

43

生正相關，其中顯然還是有一些距離。

二、2000年

陳水扁在1998年競選台北市長失利後，並沒有關閉網站，反而有許多支持民眾繼續上網，凝聚大量的人氣。1999年12月15日，網站正式以「陳水扁總統競選網站」形態開始經營，直屬競選指揮中心文宣部，平均每天上網人數約為一萬到一萬五千人。宋楚瑜的競選網站「老宋小舖」在1999年5月25日正式開站，瀏覽人數從最高峰每天兩萬人次到平日的六、七千人不等，歸屬在宋楚瑜競選總部後援會的架構下（王唯志，2004）。連戰的網站最開始時是由自己的「青年發展基金會」負責，在1999年5月1日首先成立連戰的第一個競選網站，接收了大部分青發會的網友，每天的平均上網人數為八千到一萬五。連戰真正參選後，包含國民黨文工會等大大小小幾十個組織，一窩蜂的替連戰設立網站，2001年1月，更由女兒連惠心親自領軍，成立「連蕭戰鬥網」，直屬競選總部的資訊處，取代青發會成為連戰的官方競選網站（王泰俐，2000）。

鄭自隆由親切性、互動性、資訊性以及工具性四個指標分析2000年總統大選的候選人網站，發現陳水扁的競選網站在親切性的評估拔得頭籌，較其他兩位候選人為強。陳水扁的網站以多語性版本，大量的圖片，方便蒐尋，提供多項多媒體下載軟體等，來拉近與使用者跟網站之間的距離，充分具備吸引年輕族群的條件。宋楚瑜的網站欲塑造「親民」的形象。連戰的網站在各個結構上面顯得中規中矩，較不出色（鄭自隆，2000）。在這一場選戰中，陳水扁陣營在網路方面的表現，可說是延續其之前在台北市長任內所累積的政治行銷經驗，繼續發揮重視年輕族群、善用網路動員力等長處。雖然陳水扁贏得2000年總統選舉，其中包括許多複雜的影響因素，但無庸置疑的是更多人

在這場選舉後認識了透過網路進行政治行銷的優點，並力圖善用之。例如在2001年的縣市長大選中，新黨為了防止泡沫化，企圖突破5%政黨比例門檻，就大量使用成本較低的網路作為文宣競選工具來進行競選宣傳（王唯志，2004）。

三、2004年

2004年的總統大選，可以說是台灣第一次大量操作政治行銷的網路選戰。當時兩黨的候選人分別為民進黨的陳呂配對決國民黨的連宋配。陳呂陣營找了網路公仔「阿貴」的創作公司「春水堂」設計網路圖騰，並且推出「水龍頭傳奇」的網路動畫連續劇，讓陳水扁出現與2000年的阿扁娃娃類似的「水龍頭」網路公仔。之後民進黨再將其整合，成為官方競選網站「iParty」，希望藉由網路動畫的力量，產生類似於南韓總統盧武鉉競選時，網路多媒體動畫帶動產生的關鍵影響力（莊伯仲，2007：46-48）。

根據莊伯仲分析，連宋方面在網路選戰上也有相應作為，包括架設「連戰——當我們連在一起」以及「藍教頭多媒體動畫網站」，找來設立「手機王」以及「雪特王」的中原大學研究生金志聿操刀，創立「藍教頭」網站，主打從詼諧、趣味、另類的角度來批判政治，將時事議題融入創意動畫以吸引選民觀看，風格接近陳呂陣營的「水龍頭」。與陳陣營相同，連戰的網站也同樣企圖吸引年輕選票，主要訴求對象為二十歲到四十歲間，具有投票權並且經常上網的年輕選民，其次才是針對四十歲以上，少數會使用網際網路的人或是其他知識分子；會設立這個目標是因為基於此目標族群被認為大多是中間選民，政治立場不明確，容易搖擺，且對政治態度大多冷淡不積極。

2005年的縣市長選舉，對台灣的網路競選又是另外一個里程碑，在2004年的網路競選，都必須自行花錢向ISP業者租網路空間以及申請

網址帳號，成爲「烘焙機」（Home Page）的時代，但是在2005年的網路競選，已經轉型成爲使用免費公共網路空間的「部落格」（Blog）時代。2005年的候選人除了架設官方網站外，另外也在公共網路空間上架設部落格，2005年的縣市長候選人也是第一次使用部落格作爲網路競選的政治人物，所有的候選人有超過四成架設部落格；但是部落格與競選網站初期的意義一樣，是爲「象徵」候選人跟得上時代，實際上許多的部落格文章都是總部的黨工代筆，流露出筆調的不一致性及生澀感，甚至是直接轉貼媒體報導或黨部新聞稿，或是由黨部蒐集來的民眾支持文章，顯示大部分部落格形同虛設、缺乏管理，大部分候選人對網友不理不睬，讓提出疑問者繼續留下問號，謾罵者或不相關的文章也不予處理（黃毓茹，2006：132-134）。

認真經營部落格的候選人，其共通點都是善於利用圖片或是照片，爲文字加註生動註解，與網友分享生活經驗以及意見，大部分意圖營造親民愛民的形象，以軟性的「生活札記」的話題最多。候選人架設部落格以結合網路相簿、網誌、留言板三種功能，人氣以及知名度最高的「無名小站」最受青睞。在這次選戰中，還沒有出現能夠成功利用部落格創造聲勢或是取得大量政治獻金的候選人。一方面也是因爲國內尙無安全的線上捐款的安全措施，因此部落格或是網站依舊是僅僅提供候選人的政治獻金帳號資訊爲主（黃毓茹，2006）。

四、2008年總統大選

2008年的總統大選爲馬英九與謝長廷的對決。有研究分析指出，2008年的馬謝陣營對於競選網站的態度爲（謝佩凌，2009）：

1.競選網站、競選部落格的定位：以「競選網站」爲核心，而競選部落格定位爲「外圍作戰團體」。

2.競選網站、競選部落格的目的：正確的傳達訊息，並且透過競選網站、競選部落格瞭解輿情，促使使用者對候選人建立認同感。

3.競選網站、競選部落格的目標閱聽眾：以「選民」為主要的目標閱聽眾，然後跳脫競選網站、競選部落格的使用者為「年輕選民」的思維。

4.競選網站、競選部落格的互動：以「使用者間互動」為重點，但是避免候選人與使用者透過網站直接互動。

　　研究指出馬謝雙方陣營都認為網路的互動應以「使用者之間的互動」為主，透過網路讓候選人與網路使用者互動，對於行程緊湊的候選人會造成很大的負擔。雖然透過網路即時的與選民互動，將使得彼此的距離感縮短，甚至類似於面對面的互動模式，對於幕僚而言不但壓縮了「政治運作」的空間，「即時回應」對於候選人也是一大挑戰。因此以實體的「網聚」取代虛擬網路的「線上互動」，較為符合選戰策略（周明諺，2008：108-120）。

　　雖然隨著全國上網人口比例的增加，網路對於選戰的影響越來越大，也可以發現到在選戰中利用網路進行政治行銷操作有許多優點，但是仍然有一些限制，最重要的是如何達到「宣傳的有效性」依舊是個大課題。如同早期的傳播研究，五〇年代前相信只要透過媒介傳播訊息，就一定會達到預期的效果，此說在六〇年代開始被修正，認為媒介的效果有其侷限，且受許多變因影響；同樣地，透過網路媒體展開的政治行銷，究竟有多大程度反映在實際的投票行為上，尚需更多分析。目前國內的網路選戰研究多以內容分析法以及訪談法進行，還沒有大規模的量化研究，例如針對全國性的選戰，調查有多少百分比的選民是完全透過網路這個單一媒體而決定投票，這些疑問依然有待更多研究深入探索。

第三章

政治行銷的工具分析

- 政治行銷的架構
- 政治消費行為研究
- 政治產品的類型

摘要

　　本章重點在於探討政治行銷有哪些工具可以使用，以及政治產品包括哪些類型、有何特色。政治行銷並不是單憑福至心靈的創意，而是從一個整體的研究架構運用工具進行客觀調查，加上豐富經驗累積的判斷，設定綿密的策略，進行一連串行銷活動以成功達成目的。政治行銷必須運用一些工具來讓自身先有個通盤的瞭解與掌握，以這樣的瞭解與掌握為基礎，接下來才能夠設計出策略，在推動與實施規劃的過程中更能夠基於前置作業，隨時因應面對種種變局並採取必要的調整措施，在發生更嚴重狀況時要能夠處理危機、化解危機，甚至化危機為轉機。

　　在社會中存在許多既定結構因素，但結構的意思並非是難以改變撼動的鐵板一塊；在進行政治行銷規劃之前，首要之務就是應用一些工具，如實地認識這些背景，經由系統化的評估，之後才能夠根據情況規劃出適合的策略，採取可輕可重、可大可小的種種手段與方法來加以操作——可能是推出針對目標族群而設計的政治產品、積極地邀請具有關鍵影響力的人物來協助背書，也可能是讓規劃好的活動透過媒體報導而廣泛傳播給大眾以形成公共輿論等等。

第一節　政治行銷的架構

　　經過長達將近半世紀的發展，國內外政治行銷學者已經累積相當豐富的研究成果，從中建立起一些分析架構，根據這些架構來發展出能夠為政治行銷建立客觀參考與可靠基礎的研究工具。

一、政治行銷學者之見解

　　出於政治行銷基本認識與掌握概念的差異，不同學者分別提出各自的政治行銷分析總體架構，以下列出幾位政治行銷重要學者的見解（趙可金、孫鴻，2008：57-59）：

(一)紐曼

　　紐曼認為政治行銷應該包括市場（選民）區隔、候選人定位，以及策略規劃與實施。根據紐曼的看法，政治行銷的架構有三大部分：

1.候選人理念：應評估與釐清的包括政黨理念、產品理念、銷售理念和行銷理念。
2.行銷攻勢：可以運用的工具包括市場區隔、候選人定位、策略訂定與實施。
3.環境因素分析：應考量技術進步因素、結構性轉變，以及權力角色影響力對比的變化。

(二)毛瑟

　　毛瑟認為，任何候選人在進行選舉活動時，主要面臨三大課題：(1)分析政局；(2)決定策略；(3)進行活動。分析政局應考量的包括內在因素（如候選人本身及組織的本質）、外在因素（如候選人的競爭者、選民，以及其他所有可能影響政局的因素），以對選情有全盤的深入瞭解；其次，為了建立一個足以引導及整合候選人所有競選活動的計畫，發展策略的工具主要包括問題與機會分析、選擇評估。之後依據所規劃之策略進行種種活動。

(三)科特勒

科特勒將市場行銷的基本模式應用於政治行銷，認為政治行銷包括三步驟：環境分析、策略規劃、策略實施。科特勒提出了以下分析模型：

1. 環境分析：包括經濟、就業和通貨膨脹狀況；選民的情緒和滿意度；關鍵議題和選民關注焦點；選區人口分布；政黨組織的主導和獨立向度；傾向現任參選或挑戰者；高度參與和低度參與的選區。

2. 組織內部與外部的評估分析：候選人是現任參選還是挑戰者；競選議題機會；候選人的優勢與弱勢；競選組織的優勢與弱勢；競爭者的優勢和弱勢。

3. 策略行銷：市場區隔；目標鎖定；競選定位。

4. 目標設定與競選策略：定位、個人風格和候選人概念；背景和資格界定；政治哲學；議題選擇和方案選擇。

5. 傳播、分配和組織計畫：競選組合；組織資源組合。

6. 主要市場和產出：選舉人政黨選區區隔；分配者區隔；媒體和公開性區隔。

科特勒將市場行銷的全部技術都轉化到政治領域，建立了政治行銷的專業度，但是過於強調實務操作面，可能未顧及政治行銷在政治層面的複雜度。

(四)萊因

萊因將政治行銷概括為四個組成部分：

1. 環境（環境分析）、市場分析與市場調查，將選民劃分為支持者、反對者和立場不穩選民等不同區隔。

2.組織機構（政黨）分析，確立政治組織的核心價值和政治行動綱領。

3.行銷組合分析，包括設計政治產品（政黨形象、領導人形象和政見宣言）、開展促銷（包括廣告、廣播、公關和直接郵寄）、開闢行銷通路（包括地方工作、四處遊走、政治領導人遊走）。

4.策略實施，將上述政治行銷規劃付諸實踐。李—瑪仕蒙進一步發展了這個模型，將政治行銷明確爲涵蓋市場調查、產品設計、傳播與造勢運動、選舉與傳遞在內的更爲細緻的行銷鏈，使此種政治行銷的架構更具可操作性。

(五)巴特勒和科林斯

愛爾蘭學者巴特勒（Patrick Butler）和科林斯（Neil Collins）根據政治產品的特性和策略行銷過程，提出了一個結構和過程相結合的架構，把政治行銷劃分爲兩個組成部分：

1.結構特徵：包含產品（包括個人、政黨和意識型態、忠誠度、可變性）；組織（包括資源庫、專業人士和志願者、行銷的負面觀念）；市場（包括管制與限制、社會和意識型態的確認、潛在消費者）。

2.過程特徵：包括價值界定、價值發展、價值傳遞的全過程。巴特勒和科林斯的詮釋，使得政治行銷能夠被理解爲靜態結構和動態過程的有機結合（Butler & Collins, 1994: 19-34）。

二、政治汗銷架構之組成

綜合上述幾個學界所提出的分析，本書認爲政治行銷從架構上應當包括五大組成部分：

1.背景分析：包括外部環境研究和內部條件分析。
2.目標設定：政治產品設計及其定位。
3.策略規劃：行銷策略、議題、宣傳活動等設定。
4.媒體操作與管理。
5.危機處理。

以下分別就這五大組成部分，以及各部分所應用的工具進一步詳述：

(一)背景分析

政治行銷的操作，離不開特定政治行為主體（個人和組織）以及內外環境和形勢變化。在展開政治行銷之先，關於特定外部環境和內部條件的背景分析研究是絕對必要的，有助於建立一個全盤性的觀點。一般而言，內部條件分析是揭示政治行為主體期望實現的價值目標和允許做哪些事情，而外部環境分析則告訴行銷規劃者能夠做哪些事情來達成目標。無論是外部環境，還是內部條件，都是決定政治行銷策略、議題、洞見機會與威脅的先決條件，從根本上決定著政治行銷的大方向以及萬一危機發生時的處理方針。因此，全面研究當下所處的外部環境特點和正確分析內部條件約束，是政治行銷規劃的第一步。

政治行銷面對的外部環境複雜多變，既包括經濟發展狀況（局部或者全體）、選民的情緒、民眾關注的主要議題，也包括選民的投票率、政治參與積極性等政治學因素以及人口分布、年齡結構、收入狀況、族群、宗教信仰、生活方式等社會學因素，還包括特定的選舉制度、政黨體系、政府制度、政治市場競爭狀況等。科特勒把外部環境因素區分為三類：一是擁護群環境，指那些對已有需求和潛在需求都必須得到一定滿足的人和組織，包括投入擁護群、內部擁護群、中間擁護群和消費擁護群；二是競爭環境，指的是與政治行銷規劃者爭奪

民眾注意力和忠誠度的群體和組織，包括需求競爭者、一般競爭者、形式競爭者和組織競爭者；三是宏觀環境，指對政治組織發展提供機遇或者形成威脅的大規模趨勢，包括人口、經濟、技術、政治和社會等因素，這類因素往往對組織來說無法控制，只能適應。科特勒對外部環境的概括堪稱非常全面，井然有序，基本上涵蓋了政治行銷所必須考慮的所有面向。外部環境可能涉及的因素往往很多，且對政治行銷的結果影響很大，科特勒建議的因素是一個很好的參照表，能夠用來檢視是否有哪些因素被遺漏了。

　　不管面對何種環境，規劃政治行銷不僅需要準確把握外部環境，也必須正確認識自身的內部條件。在政治市場競爭中，無論是政治候選人，還是政治組織，都必須確立自己在做什麼（為何要參選？）、自己應該追求什麼（能帶給選民什麼利益？）、有哪些限制，以及為了達成目標能夠從何處尋求助力（憑什麼參選？），為此必須準確衡量和判斷自己為實現目標和任務所具有的資源優勢和劣勢，把握自身實力和資源所提供的機會和挑戰（陳惠倫、吳崑玉，1993）。在行銷學界，對行銷者面對的優勢（strength）、劣勢（weakness）、機會（opportunity）和威脅（threat）進行全面評估的工具，稱為SWOT分析。

　　在分析內部條件的時候，往往與外部環境的調查研究不可分割。比如一個政治候選人要想瞭解自己在政治市場競爭中的地位，就必須瞭解自己的支持者、反對者以及立場不穩者之間的對比關係；也必須瞭解競爭對手的支持者、反對者以及立場不穩者分布情況；更必須瞭解政治議題、社會關注、局勢對自己的影響等等。在許多的情況下，政治行銷規劃的目標設定，包括願景、任務以及策略等，往往直接取決於對內部條件和外部環境的準確衡量和評估，背景分析的重要性不言而喻。

(二)目標設定

　　政治行銷成功的關鍵，往往取決於選票分配（share of vote）或市場占有率（market share）。兩者都必須在被分配到的選舉（市場）中得到一定比例的支持，以維持自己的生存。因此，政治行銷一切策略與戰術的最終目的都是要影響目標族群的行為，為爭取目標群體的支持而努力，並企圖在相同的限制條件下（有限的時間、金錢與人員）達成自己的目的。一般而言，改變人們的行為首先必須改變其觀念和思想，然後才能有我們所期望的行為方式的轉變。尤其是選民或者民眾決定支持政治人物或者政治組織時，通常會以自己對政治人物或者政治組織的瞭解以及他們代表的形象做出判斷，而形象的確立與其本身的獨特性密切相關。於是，每個政黨（或候選人），都必須以自身的特色——候選人、政策、領導形態，將自己與其他的政黨區別開來，必須時時為自己尋找有利的立足點，從願景設定（vision setting）、標的形成（goal formation）、任務說明（mission statement）和開發政治產品（product development）這些步驟中，實現獨特的行銷定位和形象識別。同時，由於在多變的政治市場競爭（選舉）中，差別利益隨著情勢的變化而不同，故而競爭者必須隨時對情況的發展保持警覺，以確保或提高自己的差別利益。

　　投身政治的人都具有獨特的價值理想，對未來的政治事業具有明確的期望。在民主制度下，這一價值理想只有成為多數民眾的共同理想才有可能成為現實的政治事業。在政治市場競爭中，規劃政治行銷必須首先確立共同價值理想，才能在進入執行層次後，面對大量臨時性和事務性的任務而不至手足無措。在政治行銷中，此追求稱為「願景設定」。願景的涵義是一種共同的願望、理想、遠景和目標。對於政治行銷的所有活動而言，共同的願景是能夠將一切行動整合起來、以形塑目標族群認知的綱領。

　　根據科特勒的界定，願景設定指出了規劃政治行銷的大方向，爲了達成此一大方向，需要一些明確的指標與目標，標的形成和任務說明即是政治行銷的具體指標和量化目標。標的形成，一般是指政治行銷過程中強調的具體指標，比如選票分配、競爭力、知名度等項目，而任務說明則是數量、時間和責任等內容的組織目標。從操作上來看，標的形成和任務說明是願景設定的具體化、指標化和分解量化的結果，讓政治行銷從願景的嚮往，落實成爲明確可操作的指標和任務。

　　這幾個步驟是規劃政治行銷者所進行的程序，但要完成政治行銷，還必須包括轉化成爲政治消費者易於接受的政治產品。從政治行銷學術界的研究來看，政治行銷產品包括政黨形象、領導形象和政策宣示等內容。由於大多數選民和一般民眾未必直接接觸政治候選人和政黨，而是透過認識各種媒體所製造與再現出來的形象、憑藉對這些再現形象的理解與感受而投票，由此可知，要提供何等政治產品，應著重哪些形象、特徵、屬性才能打動選民，對於政治行銷的策略如何形成有決定性影響。

(三)策略規劃

　　政治行銷的策略規劃是整個行銷過程的關鍵部分。行銷的一切目標體系都有賴於周密的行銷策略規劃得以統整和落實。政治行銷面對的外部環境並非是均質的整體，而是多樣性的複合體，人們的意識型態各有差異，利益關係相互矛盾，對特定政治議題採取不同甚至完全相反的政治態度和行爲。同時，規劃政治行銷時所能夠運用的資源和力量是相對有限的，不可能滿足所有目標族群的要求。因此，在制定政治行銷策略規劃的時候，政治組織或者候選人往往將完整的政治市場細分爲幾個板塊，選擇最佳的板塊作爲行銷目標，確定富有競爭力的行銷策略，並圍繞最有利於實現策略的議題與競爭對手展開作戰，

這一過程就是政治行銷的策略規劃過程。概括而論，策略規劃過程包括四個環節（STPS）。

◆**市場區隔**（market segmentation）

在政治市場上，選民或者民眾並非是均質的，而是有著地域、人口、文化、民族、行為模式方面的分化。無論是政治候選人，還是政黨，在政治市場競爭中都將發現對於選民的支持應當放在不同的地理和社會區隔範圍內認識。比如選區A可能更傾向支持候選人a，而則對b存在著天生的不信任，無論b多麼委曲求全，都不可能獲得選區A的任何支持。因此，參與政治競爭的每一方，都必須根據不同的需求、特徵和行為將行銷對象劃分為不同的市場區隔，並對某一市場區隔採取不同的行銷策略。

◆**對象鎖定**（objective targeting）

市場區隔或市場細分揭示了政治行銷所面對的市場機率，接下來就是如何對這些區隔有針對性地鎖定政治行銷的對象。鎖定對象就是評估每一個市場區隔的吸引力，並進而選擇進入一個或者更多市場區隔的過程。基於政治行銷的成本效益分析，政治行銷者往往選擇進入能產生最大政治效益和支付相對較少成本的區塊。一般情況下，政治候選人和政治組織往往集中有限資源角逐對整體有決定性影響的一個或者數個市場區隔，被選定的市場區隔就是政治行銷的重點對象。在美國選舉中的「戰場州」（battleground states）或者選戰焦點，往往就是投入相對較多且競爭較為激烈的行銷對象。行銷對象鎖定正確與否，往往是決定行銷結果的關鍵。

◆**政治定位**（political positioning）

一旦鎖定了特定市場區隔中的行銷對象，隨之就必須確定在這些市場區隔中的策略定位。根據行銷學對定位的界定，定位是為組織設

計形象和價值的行為，以便於組織的消費者理解並欣賞該組織獨特的理念。進行定位的主要目的就是要創造出獨特的差異，並使得行銷對象識別此種差異。一般而言，明確的、獨特的和具有競爭力的形象是標識策略定位的重要指標。如果一個政治候選人或者政治組織的形象看起來與其他候選人和組織沒有差別，選民當然沒有理由做出選擇。因此，行銷者的策略定位是區別不同政治競爭對手並獲取差異上的優勢（differentiation advantage）的重要指標。從現實而言，一個候選人或者政治組織的策略定位往往在領導者策略、追隨者策略、挑戰者策略、補缺者策略中做出選擇，而選擇的依據必須依實際情況而定。

◆策略組合（strategic mixing）

　　政治行銷策略的落實執行，是要確定完整的策略組合後，將政治行銷的相關要件結合起來。在資訊爆炸的今天，人們關注的議題不但複雜且多元化，究竟哪些議題值得關注，這些議題重要性的先後次序如何，以及應該對這些議題採取何種政策宣言（manifesto）等，都是在將議題排序後的策略組合需要處理的實際課題。事實上，在政治行銷執行過程中，人們能夠看得到的往往就是在這些議題爭論上的表現，而不是策略規劃的前三個步驟。

(四)媒體操作與管理

　　政治行銷的策略確定以後，不可忽略媒體操作與管理。在傳播媒體如此興盛發達的今天，政治行銷不可避免需要使用各種媒介作為行銷工具來實現策略目標和要求。首先，政治行銷規劃當然會先建立其專門的組織部門和領導網路，作為整個政治行銷策略實施全過程的指揮中心，發揮統率全域和協調各方的功能；在一般選戰中，這一步往往是指建立政黨選戰中心或候選人競選總部，主要包括建立總部、政治籌款、招募人員、尋求合作等問題，為隨後的行銷活動提供人、財、物、資訊等必要的條件。在居中指揮和協調的司令部，必須將媒

體的統籌規劃納入，從核心訊息到議題回應都須考量在大眾傳播媒體上的露出與影響。

　　順暢和便利的政治傳播管道，是政治行銷策略實施過程的神經系統，承擔資訊傳遞、價值交流和形象塑造的重要功能。政治行銷與政治傳播密不可分，尤其是大眾傳媒的快速發展和影響力的與日俱增，幾乎所有的政治行銷策略都把媒體行銷作為十分看重的重要環節。具體來說，政治行銷在這一環節中借助的傳播管道主要包括政治演說、政治廣告、公共宣導、網路傳播等。由於大多數選民或者行銷對象群並沒有直接機會接觸政治候選人或者政治組織的內部運作，故而特別依賴媒體塑造的形象，越來越多的政治行銷人重視媒體行銷的形象塑造效應。

　　廣泛的社會網絡，則是政治行銷策略實施的最終層面，承擔著配送產品、集中造勢和獲取支持的功能。社會促銷的活動千差萬別，幾乎凡是對獲得政治支持有益的一切活動都可以納入社會網絡。歸結起來，主要包括政治公關、人際推廣、社區活動、基層拉票等方面。政治行銷目標最終能否實現，社會網絡開展的大量造勢活動將是至關重要的因素。尤其是在選舉期間，基層的催票、拉票和監票活動直接決定著選舉的結果。

(五)危機處理

　　最後，及時有效的危機預警和快速反應系統，是政治行銷策略實施的重要保障條件，扮演消防隊和安全閥的角色。政治市場的形勢變幻莫測，特別是與競爭對手短兵相接，你來我往，各種意外事件隨時可能發生。因此構建應對各種危機、事故的快速反應系統，比如安全保衛、負面行銷、事故緊急處理等，是避免行銷活動前功盡棄的重要保證。

　　一般在政治行銷策略的制定過程中，首先是要對政治市場進行

調查研究和細分，從而掌握行銷對象的要求、特徵甚至政治心理和行為。其次要對政治產品進行定位，分析其產品所處優勢和劣勢、競爭狀況，從而樹立其政治形象，以適應目標市場。最後需建立相應的組織機構來執行和控制政治行銷策略的實施。這些組織機構應包括政治行銷專家、學者、顧問等等。

　　政治行銷並不是萬能的，而是受到外部環境、內部條件、策略設計以及策略實施等一系列主客觀條件的限制。任何一個在激烈競爭的風暴中生存的組織都不能確保自己的目標必定能夠實現，更無法保證在行銷實施的過程中所做的每件事情，都能快速快捷和完全實現預定的目標，在政治行銷過程中充滿了不確定性，也很容易發生行銷脫軌、碰撞等問題。從瞭解政治行銷架構，以及每一部分所應用到的工具，有助於減少政治行銷的不確定性，當行銷過程中出現各種問題，能夠在整體架構下及時進行解決，在必要的時候進行正確的行動，包括危機發生時的迅速得宜回應，甚至當發生錯誤時要能夠即時回饋到指揮中心，從而修正策略，迅速補救。

第二節　政治消費行為研究

　　毋庸置疑，政治行銷的根本目的是使目標政治群體的需要和欲望得到滿足，政治消費群的消費行為是一切政治行銷活動成敗的關鍵。無論是對宏觀環境的掃描，還是對微觀環境的分析，最終的落腳點還是對這些環境因素對政治消費群消費行為的影響做出一個準確的判斷。行銷者的任務就是要瞭解在外部刺激和內部刺激的作用下，政治消費者的購買行為發生了怎樣的變化。

　　然而，把握政治消費行為絕不是一件輕而易舉的事情。民眾的政治消費往往言行不一，在複雜的政治利益關係網絡中，人們都不會輕

易暴露自己的內心世界，他們對於環境的反應哪怕在最後一秒鐘都有可能發生變化，政治行銷者只能大概瞭解人們政治消費行為的習慣輪廓。儘管如此，學者們可以從社會心理學的角度透過考察影響政治消費行為的主要因素，為預測和評估特定對象群的政治行為規律確定一個合適的區間。

一般而言，政治消費行為是個人、社會、經濟、文化和思想心理等因素共同影響的結果。政治產品購買行為主要取決於以下四個因素：首先是個人追求自我利益最大化的理性思維邏輯。政治行銷有一個假定，那就是政治消費者和政治產品供給者都是一些追求自我利益最大化的理性行為體，並且把政治行銷的過程看作是政治產品的交易和消費的過程。廣大的選民之所以選擇消費某一特定的政治產品，比如政治領導人、政策、政黨、議題、理念等，最直接的原因可能就是追求自己某項物質或者精神方面的需要，故而研究特定選民的物質和精神需要成為政治消費行為研究的起點。

其次是經濟收入。家戶收入是社會經濟地位的關鍵。文獻顯示，經濟收入對於民眾的政治態度與行為具有顯著影響（Milbrath and Goel, 1977; Rosenstone and Hansen, 2003）。基本上，瞭解政治事務需要考量個人的資源、時間、能力，因此經濟條件較佳的選民，其政治認知熟悉程度也較高（吳重禮、崔曉倩，2010）。若干研究也指出，家庭收入愈高者，其對於政治容忍、言論自由、集會遊行自由的保障，以及民主化改革贊同的比例愈高（朱雲鵬、林忠正，1997）。因此能夠合理假設，經濟收入與政治產品消費行為有相關性。

再次是政治興趣。政治行銷既然假設選民如同消費者，投票如同消費行為，那麼選民本身的政治興趣、對公共事務的關心度和參與政治活動行為等，與政治產品消費行為應有相當關係。學者指出對於政治事務和選舉動員缺乏興趣的民眾，對於公共議題僅有些微的認知，甚少瞭解政治訊息，較不願意涉入政治參與，對於政治活動抱持冷漠

態度，致使選舉投票的動機偏低，反之亦然（Abramson, 1983; Conway, 2000）。依據此邏輯，政治興趣較高的選民對於政治消費行為亦較具興趣，且願意參與（消費）。

第四是社會理論思潮和文化取向。社會理論思潮和文化取向作為一種時尚和流行風，在短時期內的影響尤為值得關注。尤其是在撲朔迷離的大選期間，各種資訊紛至沓來，選舉情狀波譎雲詭，置身其中很難理出頭緒。此種變幻莫測的環境中，各種流行的社會思潮和文化對於選民的影響是非常大的。因此，在選舉行銷、危機行銷等一些具有時間性的短期行銷計畫中，這些因素尤其值得關注；若是著眼於較長時期內的政治行銷，這些因素也是重要變數。

當然，如果聯繫具體的內部環境和外部環境因素，情況將更為複雜，特定情境下的任何一項政治行為都是多種因素共同作用的結果，需要具體情況具體分析。同時，在眾多因素影響下，廣大民眾做出政治產品的消費購買決定經歷一個複雜的過程，政治行銷者除了瞭解對民眾產生的各種影響因素之外，還需要瞭解他們怎樣實際做出了「消費購買」決策，識別他們做出購買決策的角色、行為類型以及具體的步驟及其特點。不同的政治消費決策類型對於民眾的購買行為也具有十分重要的影響。比如對於政治人物的政治支持消費，往往更重視政治人物本身的形象和魅力，而對於政治議題和政治決策的合法性認同則更注重議題和政策與民眾自身利益的關聯程度，對於政黨的認同則更關注政黨本身的政治信念及其恪守程度。

沿著這一邏輯，就會發現對於政治消費購買行為的考察，明智的政治組織應該注重對政治產品類型及其購買決策過程進行細緻的研究，進而回答民眾何時對某一政治產品引起注意？對這一政治產品相關資訊的掌握程度如何？還有哪些替代性的選擇項和競爭性的政治產品？以及民眾對某一政治產品的消費信念、消費習慣、價值偏好、品牌評價以及購買後的滿意度如何等一系列問題。對於這些問題的回答

構成了政治消費行為研究的主體。

另外，在現實政治生活中，不僅存在著個體直接政治消費購買行為，還存在著大量的群體的間接行銷代理行為，此種行為被行銷學界稱為「組織購買」。從政治行銷的角度而言，政治行銷的政治產品供給到廣大民眾的終端消費之間存在著一個很長的消費鏈，這一消費鏈也是行銷代理體系，組成這一體系的主體是經濟組織、政黨組織、社會組織和基層群團組織以及社會精英，可以銷售、轉租、供應或分發等形式將政治商品提供給特定區域和群體，從中為自己謀取政治資本和經濟利潤。舉例來說，美國政治傳播學家拉扎斯菲爾德（Paul Lazarsfeld）等人的研究表明，政治候選人對選民投票行為的影響往往會透過一些意見領袖來完成，候選人首先影響意見領袖，意見領袖與選民的直接接觸，從而影響選民做出候選人希望的投票決定。因此，分析政治消費結構中的組織購買，也是政治消費行為研究的重要部分。

無論是個人政治消費行為的考察，還是組織購買行為的評估，在實務上都要轉化為相關資訊情報的調查研究和分析。在行銷學看來，行銷勝利的基礎取決於資訊，而非銷售力量和過程。尤其是隨著資訊革命的突飛猛進，在資訊社會中掌握有價值的資訊是贏得一切競爭的關鍵，資訊成為政治行銷的通貨。不論是開展政治行銷活動之前，還是推出政治產品之後，甚至在一切政治行銷活動結束後，建立資訊調查研究系統並且持續蒐集資料，都是現代政治行銷活動的基礎工作。

政治行銷的研究方法可以使用田野調查方式，也可以使用內部組織檔案紀錄和各種間接資訊資源，例如問卷或民意調查等等。現代資訊技術尤其是網路技術的傳播，使政治行銷管理者越來越注重建立政治行銷資訊管理系統。從行銷學上來看，行銷資訊系統是一種連接人、設備和程式的互動式結構體系，對資訊進行蒐集、分類、分析、評估和分配，為決策者完善行銷規劃行銷執行和行銷控制提供充分、

精確的資訊。這一系統包括內部記錄系統、行銷研究系統、行銷專家系統和行銷分析系統。建立政治行銷資訊管理系統的基本宗旨是用於描述、解釋和預測政治市場的需求、機會和空間，進而為政治行銷管理者更好地制定策略和決策服務。近年來，更多專業化的民意調查機構和智庫興起，訊息調查技術日益升級，數位產業對政治行銷的影響越來越大，資料庫行銷和量身訂製行銷成為政治行銷的一部分。政治行銷管理的觀念也發生了很大變化，逐漸從原來的資料庫建構轉為注重資料庫開發，每逢選舉期間，民調機構更頻繁地更新資料，即時捕捉重大事件對選民的影響，而這些調查研究結果也可能反過來影響政治消費行為，對選舉結果產生複雜的影響。

第三節　政治產品的類型

設計政治產品是政治行銷各個組成部分的基礎。政治行銷的目標就在於開發出能夠比現有產品更滿足目標接受者需要、新的政治產品。從行銷學上來看，產品是任何可以透過有形的形式輸送到市場上滿足消費者需要的物品或者服務，從更廣泛的意義來說，產品不僅包括有形的物品，包括物質目標、服務、人員、地點、組織、觀念以及這些實體的組合在內的所有因素都可以看作是產品。在政治市場上，政治行銷者也必須樹立強烈的產品和政治商品意識，注重向市場提供廣受歡迎的政治產品，透過富有競爭力的政治產品獲取廣大民眾的購買支持。

政治產品的價值在於將組織的願景、目標和任務凝結在特定的可消費的產品上，政治產品成為政治組織及其領導人所有目標的載體。換言之，廣大民眾是透過消費眾多的政治產品來理解和感受願景、目標和任務等組織目標的，沒有了這些載體，政治行銷將無從談起，民

眾也沒有興趣花費時間去體會和感知政治組織，及其領導人的政治理想和政治價值，政治組織也就無法獲得支持與正當性。

　　基於政治產品消費方式的不同，可以將政治產品區分為三個層次：一是核心產品。核心產品處於最根本的層次，總是處於各種產品的核心位置，它主要解決消費者需要怎樣的產品，消費者的需要和價值成為核心產品的本質條件。政治行銷者的工作就是去發現隱藏在政治消費品之後的核心價值和政治利益。究竟選擇哪種政治立場，不僅取決於政治組織或者候選人自身的政治價值觀，而且取決於現實的政治形勢和政治消費者的傾向，尤其對具有強烈政治行銷理念的政治候選人來說，後者更加重要。從消費方式上來看，政治消費者往往採取身分認同和價值判斷的方式對核心產品進行選擇。二是有形產品。儘管人們消費的政治產品從根本上是一種政治價值選擇，更多地透過心理購買的方式消費無形產品，但在政治市場上也需要借助有形產品作為載體向消費者傳達資訊。巴特勒列舉了政黨、政治候選人、意識型態、忠誠度以及政治信譽度等因素，在政治市場中，消費者往往依靠對這些有形產品的接觸和瞭解，間接地把握核心政治產品的精神，此類有形產品對於政治行銷來說是不可或缺的。三是衍生產品。除了核心產品和有形產品之外，為廣大民眾提供政治產品的各類服務和好處也是政治行銷的重要產品形式。在政治購買之前提供背景資訊以及在購買後做好服務，對於政治消費者來說都是十分重要的。

　　政治產品消費方式上的層次差別，是指導政治行銷者設計產品的重要準則。萊因將選舉中的政治產品概括為三個方面：(1)政黨形象；(2)領導人形象；(3)政策承諾。此種分類方法儘管簡單，但基本抓住了選舉行銷中政治產品的關鍵。不過，從政治行銷更廣泛的領域來看，政治行銷包括政黨行銷、理念行銷、政策行銷、議題行銷和人物行銷等眾多方面，故而政治產品其實還包括更多具體形式。綜合來說，在政治行銷中下列五項可以被視為政治產品：

一、政黨

　　政黨有完整的組織體系，從領導階層、廣大黨員以及眾多次級團體，政黨本身的凝聚力、黨工的活力、政治捐款募集力、社會影響程度等等，直接決定著政黨的政治競爭力和執政能力，也會影響政治消費者的政治交換決定。除了本身的形象資產和組織運作力，政黨能夠為政治消費者提供針對目標群體的重大政策承諾，尤其是經濟政策、社會政策、環境政策、就業政策，以及對外政策等與大眾利益攸關的政策內容，或是針對某些焦點議題提出完整的解決方案；選民之所以選擇支持某一政黨最主要的原因，往往就是這一政黨代表他們關心的利益。每一輪政治行銷戰役，更新政策承諾菜單是政黨博取選民支持的重要手段。總體而言，在政治市場上，政黨是掌握政治產品資源最豐富的角色。

二、政治人物

　　任何政黨都有自己的政治領袖和角逐政治職位的候選人，他們可以作為政黨的代言人或形象大使，甚至充滿明星魅力的候選人本身就是一種政治產品，以此吸引選民。尤其是在大眾媒體日益介入政治的時代，能否推選出人氣旺盛的政治候選人，成為影響政黨競爭力的重要因素。

　　在政治行銷中，政治人物作為一種政治產品，格外重視「形象識別管理」，透過此種識別體系的構建，將某一人物推銷給廣大公眾並為其所認可和支持。在公共關係理論中有一種廣泛應用的組織形象管理法：CIS策略，即企業識別系統（Corporate Identity System），包括三個管理系統：理念識別系統（Mind Identity System, MIS）、行

為識別系統（Behavior Identity System, BIS）和視覺識別系統（Visual Identity System, VIS）。分別將理念、行為和視覺形象以及一切可感之處實行統一化、標準化、規範化和系統化的科學管理體系，並且以此為公眾識別和評價的依據。政治行銷即是借鑒企業形象識別管理系統的經驗，建立政治人物的形象識別系統，打造人物形象成為知名品牌。

人物形象識別系統同樣包括三個組成部分：

1. 理念識別系統。任何一個人都擁有自己的價值觀和核心理念，人們識別一個人更注重其所奉行的價值理念來識別。政治行銷透過產品設計，把人物的理念世界告訴政治消費者，此種理念識別大多經由政治演講（尤其是某個人的口語表達）、衣著服飾、髮型及五官面貌等表達。因此，許多政治人物在走上政治舞台之前都要進行形象設計，以此向大眾傳達自己對自然、社會和人生的基本價值態度。

2. 行為方式識別系統。對政治人物的識別，不僅要聽其言，更要觀其行。行為方式是政治人物特定價值理想和理念的動態化，透過對政治人物行為的考察（特別是對以往處理政治事務的行為考察），民眾可以更清晰地把握該政治人物的內心世界。在政治舞台上，政治人物的每一個行為細節都被放在顯微鏡下觀察，迫使政治人物在媒體聚光燈無孔不入的今天，高價聘請公關專家對自己的行為表現提出一整套方案，比如如何對待記者的刁難、輿論的指責、醜聞的困擾等問題，面對這些事件的行為反應是公眾認識政治人物最好的依據。

3. 視覺形象識別系統。視覺形象識別系統是政治人物理念的靜態化，將政治人物理念系統的內容，用視覺形式更具體地加以外化，更準確、更快捷、更凝練地傳達出來，使公眾一目了然地

掌握資訊，產生認同感，從而達到識別的目的。在政治舞台上，政治人物最好要有與其他政治人物完全不同的視覺形象。此種視覺形象可能來自一種動物、一種色調、一個標誌等等，不一而足。政治行銷要做的是儘量塑造一個正面、積極、充滿人情味的政治人物形象，而逐步摒棄那些由於誤解和偏見導致的負面形象。MIS策略的基本目標就是盡可能將政治理念、社會行為和視覺形象統一起來，形成一個整體、統一的形象，打造一個令人嚮往、令人尊敬的政治人物，來吸引政治消費者的購買。

三、理念

在政治市場中，政黨和政治人物的吸引力也來自該政黨或政治人物的理念。政黨的政治意識型態光譜則反映著政黨的理想追求，儘管這些追求未必能夠實現，但其理念的魅力成為民眾選擇政黨的一個基礎座標。但由於理念的內涵往往相當複雜，理念行銷的方式大多會以簡單易懂、讓人容易琅琅上口的形式表達，讓人們一看到或聽到這些詞句，就能立刻在腦海中對要行銷的理念產生聯想，從而很簡單地傳達、散播出去。因此，能否將複雜的理念用非常簡單明瞭的語言表達出來，是衡量理念行銷水準和能力的重要標誌。

四、政策

公共政策是對社會性價值的權威性分配，涉及社會各群體的切身利益，向來是政治行銷的兵家必爭之地，越是敏感度高的政策行銷越引人關注。從行銷一般原理上來看，在新政策尚未推出之前，由於政策內容及其效果並不為人所知，民眾不大容易立刻就接受該政策，各種置疑、批評、反對的聲音是在所難免的。此種情況需要政治組織、

政府部門和政治領導人將這些政策轉化爲某些政治產品介紹給人們，讓民眾能夠輕鬆地支持該政策合法化。

從政策產品的表現形式區分，可以將政策產品的包裝形式分爲以下幾種：

1. 智庫的政策報告或專家意見。越是敏感的政策，政治行銷者越是謹慎，避免由政府和政治領導人直接表態，更多地採取學術討論的方式向社會釋放某種資訊，或者由某一個專家以個人名義在學術界放炮，觀望一下社會各界的反應。
2. 透過政策發言人。如果在學術界的反應並不激烈，政府可以透過政策發言人對更大的社會範圍釋放風向球，測試可能遭遇的反對聲音和抵制力量。
3. 大眾傳媒。政策行銷可以採取大眾傳媒如電視廣告等方式，以此來觀察公眾輿論的反應與走向。
4. 利益團體的支持表態。如果某一特定政策在學界和社會上並沒有遭遇太大反彈，就可以納入正式的政策合法化議程。在聽證會階段，可採取利益相關團體公開支持的方式，爲政策方案提供合理性基礎。
5. 社會對話。在促使政策合法化過程中，廣泛展開與社會各層面的群體進行協商對話，不僅能夠以此補充和完善政策方案，也可使之更容易爲社會各領域民眾所接受。

五、議題

在政治行銷，議題本身就是一種政治產品，例如勞工權益、環境保護、貧富落差、社會福利、經濟成長、投資自由等等，議題行銷是一個極其複雜的過程，相較於推銷政策產品，議題涉及更廣泛、更複

雜的關係與互動過程。當然，在議題設定的過程中，也存在著必要的
門檻問題，政治行銷者必須從政治組織的特定政治需要出發，在設定
議題方面有所選擇和有所區別，進而保障那些最重要的政治立場得到
認可和支持。

　　在政治行銷過程中，對政治產品需要進行品牌經營。品牌本來是
一個市場行銷的概念，起源於十九世紀早期威士忌酒的木桶上的區別
性標誌，後來隨著買方市場的形成，成為國際廣告界十分重視的一個
經營武器，被認為是「能為顧客提供其認為值得購買的功能利益以及
附加價值的產品」。政治行銷之所以把政治產品進行品牌經營，主要
是因為品牌和政治之間存在著一種相互作用的關係，由於品牌具有識
別功能、資訊濃縮功能、安全功能和價值增值功能，故而打造特定政
治產品的知名品牌，不僅可以透過品牌的「名片效應」幫助公眾迅速
而牢固地確立對某種政治產品的形象識別，而且能夠在公眾心目中對
特定政治產品產生硬化和明晰的效果。一般來說，形象的功能不僅在
於影響人們對世界的認知，而且能夠引起人們的思想和感情活動，進
而影響人們的行為。正如肯尼思‧博爾丁（Kenneth Boulding）所說：
「象徵性形象的塑造對人們的想像力進程起著異常巨大的作用。」當
某種政治被冠以某種獨特品牌的時候，政治就成為某種具有圖騰化的
效果，對於政治行銷具有難以言傳的獨特效果。

　　當然，隨著現實社會的發展，政治產品需要不斷地推陳出新。政
治產品是政治行銷目標體系的載體，是政治行銷願景、目標、任務等
靈魂性內容得到目標接受群認可和信賴的橋樑。廣大民眾往往是在購
買政治產品和政治消費的過程中接受政治行銷的目標體系，能否提供
富有競爭力的政治產品也決定著政治行銷的成敗。因此，政治行銷必
須始終把提供和開發政治產品作為政治行銷的重中之重，為了競爭而
不斷對政治產品進行差別化，不斷思考用新的價值增加產品的特徵和
利益，以贏得敏感選民和前衛民眾的注意和興趣。

第四章

政治行銷的策略規劃

- 市場區隔
- 對象鎖定
- 政治定位
- 策略組合

摘要

　　本章重點在於探討如何規劃政治行銷的策略。若是將商業競爭比擬戰爭，策略正確，即使戰術有錯誤，仍能立於不敗之地；反之，傑出的戰術則難以彌補策略錯誤，唯有正確的策略才能在交戰時維持優勢，以此類推，說明了在商戰之中策略的重要性。在大眾參與的民主政治時代，如何將政治行銷的策略思維運用到政治競爭之中，轉化為有效的行銷規劃，進而獲得政治上的勝利。此即為本章討論之重點。

　　雖然學者之間對於「策略」（strategy）有著不同的定義，一般而言，策略是一種具有整體性、經過考量諸多因素而形成的規劃。在軍事上，策略就是戰略，也就是一份能夠作為行動依據的作戰藍圖和指導方針，將所有組織、人力、資源、通路等加以統籌思考，給予明確的定位和配置，對於全軍的作戰成敗具有關鍵影響。在戰場上指揮千軍萬馬，思考必須跳脫個人或少數人觀點，而要從大處思考，否則一個錯誤的決定，或許造成全軍覆沒的悲劇。政治行銷的策略規劃，必須如同戰略家一般，將影響政治行銷的所有要素整合思考，才能夠井然有序地展開行動。政治行銷的策略規劃可包括市場區隔、對象鎖定、政治定位和策略組合四大環節，茲分別詳述如下。

第一節　市場區隔

　　政治行銷的特徵是消費者導向或者市場導向，但政治又是對社會性價值的權威性分配，特定的政治產品無法獲得所有政治消費者的認可，因此政治行銷者需要辨認能夠做出消費決定的細分市場。許多政黨或者候選人在開展政治行銷時，都努力區分主要的市場區隔，鎖定有意義的若干重點，細分市場，進行集中經營，從而把行銷努力集中

於具有最大政治消費興趣的民眾身上，這一過程就是政治行銷策略規劃的市場區隔。

市場區隔是增加政治行銷精確性的重要環節。從行銷學一般原理來看，市場區隔往往由在一個市場上有可識別的相同欲望、購買能力、地理位置、購買態度和購買習慣的大量人群組成。公司往往把行銷的重點瞄準一些細分的市場區隔群體，確保一部分忠實消費者的利益、需要和欲望得到滿足，這是一種目標行銷。科特勒認為，目標行銷是指根據不同的市場群體開展行銷，以及為每一個目標市場提供恰當的產品和行銷組合。目標的關鍵一步是市場區隔，這一過程是將一個市場區分為不同的和有意義的購買群體，這些群體可能值得為之提供不同的產品和行銷組合。市場區隔是一項創造性的行為。與市場行銷類似，政治行銷也越來越依賴獲得特定群體的政治支持，不過條件是這一市場區隔對於獲得政治選舉的勝利，或者掌控政治局面具有決定性意義。

在市場細分過程中，關鍵在於是確定區隔的標準。一般的細分市場的標準是根據地理區域、人口結構、生活方式、消費習慣和態度等因素。在紐曼看來，市場細分的第一步就是把握政治消費者的需求和行為模式。紐曼引進了一個選民研究的分析模型，該模型包含五個要素：一是功能性價值，代表著選民期望從候選人那裡獲得好處和利益；二是社會性價值，選民往往把候選人與社會中某一部分群體捆綁在一起；三是情感性價值，選民根據候選人的個性特徵形象化以增強自己與候選人的情感聯結；四是情境性價值，選民在有些時候做決定往往與當前的某些特定事件，比如候選人的個人生活、國家面臨的問題以及世界上的問題聯繫在一起；五是認識性價值，選民往往對一些自己並不清楚的新奇事物和新鮮議題感興趣，從而對宣導社會變革的候選人更感興趣。

紐曼的市場區隔標準相當適用於選舉行銷的實用需要，紐曼給予

政治行銷研究重要啓發是，在對政治市場進行細分的過程中，政治消費者本身的政治傾向和行爲偏好是細分的基礎。在特定的地區、人口聚居區和不同的人文層面上，還可以找出一些亞區隔，政治區隔考察的規模越小，視角越具體，政治市場區隔分析就越複雜，對民衆政治傾向的考察就越具體，也越具有實用性的價值。因此，涉及整個國家政治方向的選舉和不同層次的地方選舉在市場區隔上不同，國家領導人的選舉和代議機構的議員選舉的區隔也不同，要根據具體情況加以分析。

從政治行銷普遍意義而言，考察政治消費者政治傾向的區隔，主要應該考慮以下五個類別的因素。

一是經濟階層區隔。在現代社會，經濟和政治傾向之間的關聯值得注意，也是一個敏感的議題。多數台灣政治學及社會學研究並不傾向認定經濟階級爲台灣選舉中的關鍵因素。

二是意識型態和政治價值觀區隔。政治行爲的影響因素之中，主觀占了很大部分。任何政治訊息的評價和判斷，都受到特定意識型態和價值觀的過濾和篩選。意識型態是觀念的體系，有自成體系的解釋邏輯，對政治議題有一整套系統的看法，如自由主義、保守主義、馬克思主義等，人們或許未必瞭解這些名詞，但這些觀念會以隱而未彰的方式運作並發生影響，這一點已經爲衆多政治現象所印證。政治價值觀則是社會成員對待政治系統、政治事件以及政治活動的態度和行爲取向，決定著人們對政治制度、政治決策、政治角色等的衡量尺度和行爲選擇。考察政治價值觀的偏好，對於理解民衆的政治行爲取向也具有十分重要的啓迪意義。

三是地理區隔。地理因素是將市場區隔依照行政區、自然環境或者人口密集度加以劃分，考察這些因素對於選民政治傾向的影響。在美國的總統選舉中，十分注重地域的平衡因素。如果總統候選人來自東北部，副總統候選人一定來自南部或者中西部，尤其是候選人最

好來自選民人口數量比較多的大州。從自然環境和人口密集度來看，城市和鄉村不同：城市交通發達、人口密集，民眾政治上相對開明；而鄉村相對比較閉塞，人口分散，民眾政治上相對保守，這些因素對於他們的政治行為具有很大的影響，政治行銷者必須充分考慮這些因素，在行銷方式、方法和手段上採取必要的調整，使之適應特定區域的實際情況。

四是人文區隔。包括年齡、性別、家庭人口數量、家庭生活方式、受教育水準、宗教信仰、民族成分等。這些因素之所以成為政治市場區隔的重要因素，主要是因為它們與民眾的需要、欲望及其忠誠度等有著十分密切的聯繫。年齡對於政治傾向的影響已經為學者們所認識，中年以上的民眾往往由於社會關係極為複雜，而且社會經驗豐富，久經政治風雨的洗禮，故而在政治傾向上趨向於保守和安定，對於那些事業有成的候選人和老成持重的政黨更為信賴。相比之下，四十歲以下的民眾則對社會改革具有更高的期望，對於那些充滿激情、主張激進的候選人更加偏愛，所以世界上那些老年人投票率高的國家，比如日本、英國等國家，長期由一個政黨執政就成為規律。除了年齡因素以外，近年來，女性選民、宗教選民等因素的影響，在選舉行銷中也有快速上升的趨勢。

五是政治行為區隔。上述四類因素都是考察民眾可能的政治取向，在政治行銷市場上更直接的還是政治行為的偏好，故而考察上述因素的邏輯必然就是考察民眾的行動動機及其行為偏好。民眾在做出對某一政黨和政治候選人的支持行為時，都必定要首先考慮「為什麼要付諸行動」的問題。當然，排除政治非理性的因素之外，理性的民眾都會考慮自己為什麼要支持某一候選人，做出支持行為後對自己有什麼好處，或者自己會冒多大風險等等？因此，政治行銷者要充分考察民眾的現實行為動機，尤其是處於一線的行銷人員，要綜合考慮文化因素、社會因素、心理因素、參考群體、個人因素等眾多要素，根

據選民的動機將目標群體劃分為幾個區隔，對於不同的區隔採取不同的行銷對策，這對於落實政治行銷的基礎具有關鍵性意義。

　　不管採取何種標準對政治市場進行細分，在選取區隔標準時必須遵循一些基本的原則。紐曼列舉了政治行銷中市場細分的三項基本原則：一是足量性，不管採取何種細分標準劃分區隔，必須在數量上足夠多而具有政治上的意義；即使是以一個家庭或者家族作為一個區隔，也必須是大到具有影響政治結果意義的家族，如美國甘迺迪家族、洛克菲勒家族、布希家族對於美國政治的影響十分巨大，這樣的區隔就是有意義的。二是可衡量性，不管採取何種細分的方法，每一個區隔的民眾必須是可衡量和可計量的，如果細分的區隔僅僅具有籠統的政治意義而無法真正把握政治消費者的數量，無法用數字表達，也找不到現實的對應對象，此種細分就沒有任何行銷的意義，也無法知曉應該在什麼地方進行行銷的精耕細作努力，尤其是在選舉行銷中，此種可衡量性至為關鍵。三是可接觸性，透過細分的市場區隔，必須是能夠透過現實的管道和途徑去接觸的，不管是採取大眾傳媒、小眾媒體，還是透過直接郵寄或登門拜訪，都必須能夠傳達必要的政治訊息，對行為產生直接的影響。在人跡罕至的深山老林，就沒有任何政治行銷的意義，否則就是白費力氣。總之，市場區隔的意義在於其必須足夠大以至於可獲利，行銷者必須能夠識別哪些人是消費者，並且能夠用他們的資訊與之交流接觸。

　　當然，在現實的政治生活中，民眾在做出政治決定的時候更多是受到諸多因素交叉壓力的影響，很難說哪一個因素能夠居於支配和主導地位，這一衡量的過程也更多是「消費者主權」的範圍。儘管如此，政治行銷者還是可以採取各種區隔策略交叉運用的方式，對民眾的主觀權衡施加必要的影響。只要能夠對各種所要訴求的目標精確掌握，不論採取何種區隔策略，都可以收到左右逢源和收放自如的效果。

第二節　對象鎖定

市場細分為政治行銷者提供了市場機會，接下來的任務就是鎖定有意義的市場區隔作為政治行銷的重點目標。根據科特勒的說法，一旦市場區隔策略確定下來，行銷者就會選擇一個或者幾個鎖定的目標市場區隔作為行銷的重點對象。由於政治行銷著眼於獲得政治市場占有率（選票份額、政治合法性、政治形象支持等）的優勢，且除完全壟斷政治市場的情況外，政治行銷者掌控的資源都是有限的，以有限的資源獲取市場占有率的優勢，正確的目標對象鎖定策略就顯得十分重要。

市場占有率的高低，對於政治組織的政治地位及其施政效率都具有十分重要的意義。首先，市場占有率的絲毫差距直接決定著政治棋局的成敗。在現代民主國家，要想獲得政權必須依靠民意支持，尤其是透過一人一票的選舉競爭。無論是總統制國家，還是議會內閣制國家，必須獲得百分之五十加一的選票才能執掌政權。贏得選票總數的過半數，哪怕只有微弱的票數優勢，政治棋局都會隨之改變。其次，市場占有率的高低，對於政治組織的地位和政治影響極為重要。根據市場競爭的蘭徹斯特法則（Lanchester's Law），一種產品安全的市場占有率為41.7%，它的上限是73.88%，下限是26.12%，二者之比是2.83：1，近乎三倍。這就引發了所謂的「三一理論」——當某種產品的市場占有率高達73.88%，不管存在多少競爭者投入戰場，最多不過占有26.12%的市場。不難看出，在一黨專政的國家，即使開放選舉，也不會動搖該政黨的執政基礎。反之，一旦某個政黨的支持率低於26.12%，即使能夠生存也沒有希望角逐政治大位。再次，市場占有率還決定著政治行銷者的策略定位。市場占有率不同對於不同的政治力

量的策略定位也有直接的影響。居於主導地位的行銷者往往採取防守
的策略，居於挑戰者地位的行銷者傾向於採取進攻的策略，毫無執政
希望的行銷者則傾向於採取補缺者的策略。

　　正因爲市場占有率在政治博弈的棋局中居於如此顯赫的地位，
故而各路「諸侯」圍繞市場占有率的爭奪向來異常激烈，各種明爭暗
鬥和相互角力一刻也未曾停止。各種政治力量往往爲達目的，不擇手
段。既然如此，究竟應該採取何種目標鎖定的策略來獲取市場占有率
的優勢呢？一般而言，從鎖定目標的不同，可以有三種廣泛的策略可
以選擇。

一、無差別策略（大衆行銷策略）

　　此種策略並不考慮市場區隔的差異，將市場視爲一個整體，注重
消費者共同的需要，而不是差異之處，其供給和行銷方案針對的是所
有的最廣大消費者。此種策略適宜於存在廣泛社會共識和政治分化並
不明顯的社會共同體之中，一般爲那些在政治市場上居於絕對優勢地
位的政治組織和候選人所使用，比如一黨制下的政黨、現代政府的公
關行銷等。

　　對於市場占有率居於優勢地位的政治行銷者來說，主要應當採
取無差別的策略。此種策略包括兩個分支：市場占有率較高的政治組
織或者候選人，在面對挑戰者競爭的時候，要特別注重「情報戰」和
「同步戰」。所謂情報戰，就是能夠從不同的管道獲知市場及競爭者
的動態，以便未雨綢繆，及早做好應變及反應的措施；所謂同步戰，
就是對競爭者採取緊跟不捨，亦步亦趨，如影隨形，你做什麼，我
就跟著做什麼，而且做得比你好。不管是情報戰，還是同步戰，都強
調把所有的市場區隔作爲自己不可放棄的目標對象，只要哪裡出現戰
火，行銷戰就進行到哪裡，最終目標是防止競爭對手挖牆腳，只要能

夠阻擋住對手的蠶食，自己就更能夠穩操勝券。

　　市場占有率居於優勢的行銷者，由於先入為主地占據了特定的市場區隔，必然擁有強有力的社會基礎，形成強大的鐵票集團。相比之下，除非該鐵票集團對該政治組織或者候選人產生了逆反心理，遠道而來或者初出茅廬的競爭對手明顯處於劣勢，比如對競爭對手能力的不信任感、未來行為取向的不確定感以及能否衝破傳統權威體系的懷疑等，都構成了影響行銷戰果的重要因素。在此情況下，居於優勢的組織和候選人要充分發揮形象、魅力、經驗、領袖氣質等因素的優勢，採取以逸待勞的方式有效抵消可能的挑戰和衝擊。總而言之，對於市場占有率居於優勢的行銷者來說，政治行銷戰更多是一種防禦戰，不能對某一特殊區隔過分偏愛和親近，否則就會丟掉其他區隔的支持，而在行銷戰中一敗塗地。

二、差異化策略

　　此種策略選擇兩個或者兩個以上的市場區隔，並有針對性地分別提供行銷方案。相比無差別行銷策略，這一策略的成本上升，必然在行銷管理、人員分配、資訊交流、廣告和促銷方面投入更多的資源。此種策略可用於社會分化明顯、政治分裂比較突出的情形，力圖獲取更高市場占有率的挑戰者較傾向使用，該策略幫助挑戰者攻城掠地，擴大基本盤，獲得政治行銷戰的勝利。

　　在差異化策略中，最為強悍的工具是所謂的「三角策略」。三角策略的理論是根據幾何原理中關於平面上不在一條直線的三點，可以構成一個三角形，該三角形是最為牢固的包圍圈，此種互為犄角的態勢把消費者包圍起來，將無往不利。美國前總統柯林頓是成功運用三角策略的例子，從1992年競選開始，柯林頓陣營確立三角策略作為選戰指導方針，就是利用雙方的解決方法解決各自的新問題，吸收雙方

各自方案的最佳部分，形成第三種方案，去其糟粕，取其精華。三角策略的關鍵是用自己黨派的解決方案來解決對方的問題。在三角策略指導下，柯林頓用帶有中間主義的行銷方案鎖定了一些關鍵州作為行銷對象。在1992年，柯林頓獲取選舉勝利的目標鎖定策略基於三個目標州群體：一是勢在必得州，此類州只需要花費較少的資源就會獲得選舉勝利；二是艱難攻克州，此類州需要耗費很大的力氣和投入大量的資源才有可能獲勝；三是取勝無望州，此類州即使耗費大量資源也基本沒有獲勝希望。柯林頓選戰班底將後兩者作為自己的主要戰場，並把艱難攻克州鎖定為行銷對象，結果從十九個艱難攻克州中獲得十八州的勝利，最終一舉獲得了總統選舉的勝利。

三、集中行銷策略

為了不使行銷資源在眾多市場區隔中過於單薄和分散，集中行銷策略（又稱「特色補缺策略」或「一點集中策略」）集中資源對某一個特色的市場區隔重點經營，獲得該區隔的有利形勢和主導地位。此種策略一般適用於資源有限，且某一特定市場區隔缺乏競爭的社會共同體。該策略一般為那些既不在市場占有主導地位，又沒有能力挑戰在市場占有率上占主導地位的行為體的組織等所使用，特別是對於剛剛角逐政治職位的新手來說，由於在知名度、社會聲望和政治關係網等方面都無法與那些政壇名宿相匹敵，故而一點集中策略是最恰當的選擇。

採用一點集中策略要求在行銷戰初期，先選擇一個區域或者一個特定的區隔實行精準式打擊和地毯式滲透，等待基礎鞏固之後再尋求擴散，逐步拓展戰場，方可獲得事半功倍的效果。不過，一點集中策略並不適合小規模區域的政治行銷，因為本來規模已經狹小的區域再集中一點，就無法獲得整個區域的主導優勢。

目標鎖定過程是一個與其他環節密切相連的環節，受制於環境、

組織、制度等諸多因素的制約。首先，目標鎖定受制於特定的政治遊戲規則。就選舉制度來說，實行比例代表制的國家和實行多數代表制的國家在鎖定目標上存在明顯不同，前者更鼓勵補缺者策略，後者則可能是無差別策略，或是差異化策略，沒有第三種可能。政黨制度（一黨制、兩黨制或多黨制）、政府制度（總統制、內閣制和委員會制）的不同對於目標鎖定也有重要的影響。其次，特定社會共同體的政治利益分化程度不同，也對目標對象鎖定產生重要影響，政治分化尖銳的社會共同體則傾向於用差異化策略鎖定對象，政治分化模糊的社會共同體則傾向於用無差別化的策略鎖定目標對象。再次，特定組織的實力和規模、形象定位以及社會聲譽對於鎖定目標對象也具有十分重要的影響，實力強的政治組織和實力弱的政治組織在開展行銷角逐的時候，鎖定的目標對象直接決定著行銷的戰果，如果安排不當，很容易導致以弱勝強或者一敗塗地的結果。正因為鎖定目標對象是一個十分複雜且極其重要的環節，行銷者必須綜合考慮，高度重視，從某種程度上可以斷言：目標對象鎖定正確與否，直接決定著整個行銷戰的成敗。

第三節　政治定位

　　根據趙可金、孫鴻的分析，在政治行銷策略規劃過程中，在鎖定行銷目標對象之後，接下來的步驟就是對行銷者自身進行政治定位。鎖定行銷目標對象是著眼於政治消費者的市場區隔而做出客體策略選擇，政治定位就是在目標對象鎖定的基礎上確立的行銷者的主體策略選擇。事實上，目標對象鎖定和政治定位是緊密相關的，一方面政治定位的決策是由選定的目標對象來決定，另一方面決策也是基於對品牌如何被定位，以及如何與競爭者相區別開來的明確認識基礎上

的，兩者在策略規劃中休戚相關，相互依賴（趙可金、孫鴻，2008：111）。

那麼，究竟何謂「政治定位」呢？根據兩位廣告經理阿爾‧賴茲（AL Ries）和傑克‧屈特（Jack Trout）提出，把定位看作是對現有產品的創造性實踐。「定位」是指要針對潛在顧客的心理採取行動，即要將產品在潛在顧客的心目中確立一個適當的位置。從市場行銷學來看，定位是指當某一種產品進入某一目標市場後，每一家公司都需要對該產品將會處於什麼樣的地位，和應該處於什麼樣的地位，確定一個與眾不同的定位，科特勒認為，定位就是對公司的供應品和形象進行設計，從而使其能夠在目標顧客心目中占有一個比其他競爭產品更具有獨特位置。從消費者的角度而言，市場上的產品和品牌由於鋪天蓋地的廣告使人眼花撩亂，只有在消費者內心深處確立起某一產品形象與評價的正確定位，消費者才會從複雜多樣的產品中選定某一產品，進行購買（趙可金、孫鴻，2008：111）。

市場行銷學中的產品定位理念，可以應用到政治行銷上。在政治行銷，對某一政治產品（政黨和政治候選人）來說，如何從各路豪傑中脫穎而出，正確定位是不可或缺的環節。某一政黨或者候選人的政治定位，就是根據組織獨特的形象和價值，加以明確化，以吸引政治消費者，進而做出支持該政黨和候選人的實際行為。從政治定位的涵義不難看出，政治定位的最大意義在於促使政治消費者在面對眾多選擇時，從品牌林立的政治超級市場中選出合意的政治產品。另一方面，政治定位也對政治行銷的策略組合產生直接的影響，如果某一政治候選人自我定位較高，在選戰中採取高姿態，有過多不必要的堅持，無視於政治市場的現實，很容易耗費大量的政治資源，在無效的行銷上，例如堅持在高價位的媒體上刊登政治廣告，而不考慮目標對象，最終可能行銷團隊無所著力，而走向不可避免的失敗。因此，在政治行銷市場上，任何政治組織和候選人都必須頭腦清醒，保持自知

之明，時刻牢記定位與初衷，扣緊核心價值，向政治消費者準確傳達自己代表哪些需要、欲望和權益，並時時與行銷團隊針對成效修正策略，維持正確的政治定位。

在政治行銷策略規劃中，政治定位是一個十分重要的行銷工具，它能夠幫助政治消費者牢牢把握政治組織，和候選人的願景實質與結構策略，能夠在他們心目中確立起有關政治組織和候選人的鮮明特徵、權益和形象。由此觀之，確定某一產品的政治定位是一個相當複雜的過程，包含了政治產品的意義、政治消費者對該產品與其他產品的比較後的認知和情感，以及政治消費者對該產品形成的形象：其驅動下的支持行為。確定政治行銷定位的過程，包括以下四個步驟（趙可金、孫鴻，2008：112-115）：

一、評估產品意義

政治行銷並非在真空狀態下進行，而是發生在現實的社會發展過程之中，政治產品必須對選民是有意義的，是選民希望看到或者有所期望的產品。對產品意義的考察可說是一種符號學角度的思考，產品意義的確立如同社會文化建構的過程。產品意義的形成，不僅受到來自傳播要素的資訊管道選擇的影響，而且受到資訊符號的接收者在接收資訊時獨特的社會文化背景和思想狀態的影響。儘管我們使用符號來與其他人分享意義，但意義並不等於符號，往往是特定的人群賦予符號以某種特定意義。為了瞭解政治消費者對各種政治產品的意義認知，首要的重點就是確認消費者在特定情景下面對某些產品符號所產生的各種印象和感受。不過，在這一階段，對於個人來說，產品的意義都是內在的，而不是外在的，是主觀的，也高度與當時情境相關，更重要的是意義並非固定不變，而是瞬息萬變。因此在操作上，必須先盡可能列舉出所有的假設性政治產品。這些假設性政治產品體現出

的價值理念、政治主張、風格品味等，作為符號，是影響選民主觀內在感受的外在因素；在這些因素的激發下，選民會形成獨特的感知。在這一階段，主要的任務就是透過採取樣本分析的方法，列舉所有可能的假設性政治產品，以作為後來分析的基礎。

二、描繪消費認知

　　一旦將所有假設性政治產品的名單列舉出來，就為考察消費者真實的認知結構提供了現實的可能。儘管消費者的認知受到內外刺激的影響隨時都有變化，但在有限的時空背景下，透過樣本分析還是能夠大致描繪出選民的認知空間模型和偏好分布結構，瞭解政治消費者如何將政治產品分類，以及某一政治產品的何等特色對政治消費者的選擇是最為重要，可以幫助行銷者做出正確的定位決策。描繪消費者的認知模型，包括兩個主要方面：

1. 確定民眾對政治產品的分類情況：行銷者可以得知政治行銷競爭的主戰場可能在什麼地方展開，尤其是居於主導地位的政治產品和居於挑戰地位的政治產品的界限在什麼地方等。
2. 確認政治產品分類的標準：亦即政治產品的哪些特徵可作為分類標準。從政治產品分類標準的考察，透過對某一個或者幾個為選民所期待的方面進行設計，可以使得政治產品的特徵更加突出。

　　趙可金和孫鴻認為最終描繪消費認知在形式上可以獲得三個成果：一是確認類似性的模式，大致把握特定時空背景下的消費認知結構和民心所向；二是發掘主要的特色，將不同政治產品受消費者青睞的特色和特徵明確化；三是設計假設性政治產品，從民心所向和特色所在出發，精心設計假設性的政治產品，並期望此種產品能夠順利通

過市場的檢驗。

　　從方法上來看，描繪消費認知在行銷學上通常透過多元計量法（Multi-dimensional Scaling, MDS）來進行，透過對假設性政治產品的議題立場、領導氣勢、政黨標誌、集團聯繫等多種次元素的解析和計量，最終得出政治消費者的認知空間模型和偏好分布結構，從而作爲政治定位指導方向（趙可金、孫鴻，2008：113）。假使不自行進行，有時統計數據也是很好的參考。

三、確定競爭模式

　　在對消費者認知空間模型和偏好分布結構考察的基礎上，趙可金和孫鴻認爲還必須對不同政治組織或者候選人之間的實際競爭關係進行準確的估計。儘管政治定位更注重行銷者自身的定位，但同時也會涉及對競爭對手的定位，主要是依靠該組織的市場細分情況、競爭情況及其優勢和劣勢，透過在市場上傳播該產品的關鍵特徵和利益，一方面要創造一個眞正的差異，另一方面要讓其他人知道這種差異。政治產品的差異，有的是研究開發的結果，有的則純粹是創造力和想像力的表現，前者對產品有如虎添翼、錦上添花的功效，後者也會形成無中生有、移花接木或者瞞天過海的創意。在行銷戰中，各種誇大競爭矛盾、抓住一點不計其餘、「對方主張的就是我所反對的」往往是確定競爭關係模式的通常做法。在行銷戰中，競爭往往是虛虛實實，一步錯則步步錯。因此，如何製造、強化、渲染、擴大政治產品的差異化，塑造有利於我的競爭關係模式，應當是政治行銷策略規劃面臨的最大挑戰，但是亦不可過度偏離實施，否則會導致走火入魔，如何拿捏分寸和平衡利弊成爲行銷規劃的重要問題。當然，確定競爭模式不能完全脫離消費認知空間模型和偏好分布結構的軌道，競爭的激烈化程度則取決於消費認知結構所容許的程度，如有必要，競爭模式可

以立即顯現在相關偏好為基礎的空間模型上，競爭模式的設定只能體現在對同一區隔的吸引力爭奪上，不能跨越區隔。從這一角度而言，確定競爭模式也是鎖定目標對象的爭奪，看誰更能對特定的區隔群體占據主導地位（趙可金、孫鴻，2008：113）。

四、設定政治形象

形象測量是政治定位的最終實現形式，也是政治產品在市場上定位的最終定點。形象是五〇年代非常流行的詞彙，是一個人對某一事物的全部信念、想法和印象的總和。某一政治組織或候選人的政治形象就是其在政治市場採用的立場和定位，此種形象定位的變更將直接決定著選票的分配和流向。根據丹・尼蒙（Dan Nimmo）的解釋，形象包括了行銷者對關於自己對某些事情何謂正確以及喜歡與否的主觀理解，這一用法與廣告和行銷研究中關於品牌形象的定義是類似的。在尼蒙看來，形象一詞是人們對一系列可見的目標、事件以及人的特徵等因素的社會建構，既離不開民眾因素的影響，也離不開主觀因素的資訊傳達。因此，政治形象既是行銷者的主觀設定，也是消費者認同的客觀結構。在政治行銷策略規劃中，行銷者進行形象定位時必須牢記自己是何許人也，以及自己究竟代表和支持哪些群體，然後用簡短扼要的言辭鮮活地傳達出這些意義，以期在政治消費者群體中定格為某一特定的形象。從短期來看，設定政治形象的目的在於引發支持者做出支持行為的動機，並驅動最終做出支持的行為，各種程度不一的形象調整都將可能左右最終的支持行為。從長期來看，設定政治形象的意圖有助於建立起核心的忠誠支持群體，能夠幫助他們在每次行銷攻防戰中穩操勝券（趙可金、孫鴻，2008：113）。

上述政治定位的方法和程序，基本上來自趙可金與孫鴻對於美國政治行銷學者如紐曼、科特勒的諸多分析基礎上整理而成的，以消費

者導向為起點，將消費者、競爭者和行銷者的諸多因素整合在一起，對於政治行銷實踐極具實用價值。在政治市場上，廣大政治消費者一般對某些政治產品都在心目中有其既定印象，以美國為例，一般認為民主黨與美國社會的社經地位中下層較多關聯，共和黨往往連結到美國社會的中上階級，兩者定位的關鍵往往是如何抓住中間選民，獲得更多支持。觀察歷次美國選舉過程和結果，可以看到許多有趣的案例（Thurber & Nelson主編，郭岱君譯，1999）。

　　一般而言，根據政治定位之品牌地位的不同，西方政治行銷組織的定位策略主要有以下幾種選擇（趙可金、孫鴻，2008：115-117）：

(一)領導者策略

　　如果一個組織有良好供給、良好銷售和豐富的資源，並且其競爭者相對而言屬於較弱，那麼該組織應該選擇保持或者提高其領導者的定位，不斷在消費者心目中加強和提高自己現在的定位。在成熟的市場，一般都是由市場的領導者決定價格變化、發展創新和引導立法等。對於領導者來說，在政治行銷戰中只要強化形象，不必特別著墨政見，不攻擊對手，對於對手攻擊也不需要回應，以免反而拉抬對手。由於領導者擁有較高的占有率，相比之下，領導者看上去站得高、看得遠，常強調超越的形象，以此傳達自己和對手並非居於同一層次，不願意也不需要和競爭對手短兵相接，暗示競爭者該知難而退。採用領導者策略，並非依據候選人主觀的認定或選擇，也與候選人是執政黨或現任者無關，使用領導者策略主要是該政治力量的民調資料遠遠領先對手，並判斷對手不可能追趕上時，方能執行領導者品牌的策略；另一種可能則是以此強化自身陣營的氣勢，穩定支持者浮動不安的心。

(二)挑戰者策略

　　當與對手實力接近或為對抗對手的挑戰時，可以採取挑戰者策

略。挑戰者策略一般而言是與第一實力相當的政治力量所採用。挑戰者策略簡單地說就是直接攻擊，指名罵戰，以己之長擊敵之短，或是將自己與對手比較，說他會（貪汙）我不會，或我能（建設）他不能。一般情況下，在競爭中居於領導者位置較容易被指名接招，挑戰者之所以如此選擇，一方面容易製造媒體聚焦的效果，進而炒作自己聲勢，另一方面與高手過招可以凸顯和抬高自己的身價。值得注意的是，並非所有的領導者會回應挑戰者，此時若挑戰者自身火力不夠，反而會讓領導者「不隨之起舞」的從容加分。因此，挑戰者要做到謀定後動，打蛇要打在七寸要害，迫使對方不得不還手，只要對方有所反應，目的就實現了一半；接下來就是與對手分庭抗禮，自己聲勢大增，無論勝敗，畢竟短兵相接就已經讓己方增分不少。行銷戰中的激情叫囂與君子風度毫不相干，只要言之鑿鑿，切中要害，引發選民關注，有無君子風度無關緊要。在美國的歷次實力相當的選舉中，雙方往往高調對罵、互擲雞蛋、嬉笑怒罵等現象比比皆是，原因在此。

(三)追隨者策略（又稱「高級俱樂部策略」）

如果對手實力過於強大，自己挑戰對方毫無勝算，且挑戰耗費資源的代價極大，可以採取追隨強者的策略，透過緊跟領導者，將大量資金、時間和精力省下來用於特定市場區隔的經營，借助領導者的裙擺效應，在政治行銷的戰果中分一杯羹。在政治競爭中，追隨者透過宣布自己追隨領導者，如同成為高級俱樂部的一員，只要辛勤經營自己的區域，領導者開闢出新市場，自己也可以抓住領導者的裙角躋身其中。這也就是所謂「母雞帶小雞」，拉著上層選舉的明星候選人一起沾光。

(四)補缺者策略

在任何市場中，都有些市場的需求和欲望未能得到有效的滿足。在此種情況下，有的行銷者就可以尋找一個未被占領市場作為自己的定

位。當候選人民調落後，可以訴求某項特質或政見形成「補缺」，以爭取部分區隔化選民的支持。不過，補缺者策略較適用多席次選舉，單一席次選舉除非補缺區非常明確，否則難見成效。另外，在市場中，由於特定的市場缺口很容易被主流市場所擠壓而萎縮，補缺者策略往往承擔巨大的風險，一旦其他策略奉行者全力清剿，補缺者可能就失去立足之地。因此，補缺者策略往往採取多元化補缺，選擇更多的缺口並努力建立領導地位，以為自己獲得更大的迴旋空間。

當然，政治定位還包括許多精采的變化運用（吳祥輝，2002），在實踐中經常發生定位不當、定位錯誤之類的失誤，同時由於市場形勢變幻莫測，此時此地不失為正確定位的策略，隨著市場形勢的變化可能風光不再，導致產品滯銷，行銷不暢；如此則必須盡快進行重新定位，以免大勢已去。當然，重新定位對於政治行銷者來說存在著相當大的限制和困難，因為政治人物和政治組織固然可以進行包裝和塑造新的形象，但不易改變自己的本質。同時，如果某一政治組織或者候選人過於頻繁地調整定位，其政治信譽度就會受到很大的影響，即使定位成功，事後也不免被指責為變來變去、不忠誠、不可靠。所以，行銷者在重新定位問題上務必謹慎評估，除非萬不得已，儘量保持政治定位的穩定性和持續性，畢竟政治上的立場一致性，也算是政治人物的重要資產。

第四節　策略組合

在政治定位確立之後，需要規劃和設計一個詳細策略，將所有的行銷要素組合起來以使定位得以強化。紐曼等多位學者在吸收市場行銷策略規劃的基礎上，認為策略藍圖的核心是所謂的4P組合。在市場行銷學中，4P指行銷的四大要素，包括產品、價格、通路、

促銷，四個要素之間相互依賴影響，關係密切，這四大要素的結合程度決定市場行銷的成效，任何一個環節發生問題，都會造成行銷鏈條的脫節，而導致產品滯銷。在市場行銷策略規劃的啓發下，紐曼認爲，在政治行銷學中同樣存在4P：產品（product）、推動行銷（pull marketing）、拉動行銷（push marketing）、民調研究（polling），他認爲上述四個因素的組合構成了政治行銷策略的全部。有學者在此基礎上，加上了第五個P，亦即公共關係（public relations）。

政治行銷中的策略規劃，根本目的都是在民意的基礎上，掌握政治消費者的需求結構，努力將政治產品變成商品，並且透過推拉和公關促進（promotion）等方式，以得到消費者的青睞和認可，最終做出政治支持的行爲。

產品、管道、傳播和民意調查是制定和執行政治行銷策略的基礎。該模型是由紐曼的競選模型而引申至廣義的政治行銷上。以下一一解釋政治行銷策略規劃的五要素（趙可金、孫鴻，2008：119-126）。

一、產品策略

在政治行銷策略組合中，首要的要素就是政治產品的設計。對行銷者而言，政治產品是指政黨的領導地位、綱領或者施政宣言、政治人物、政治理念、公共政策，以及在諸多政治議題上的態度和看法等。在現代民主國家的政治生活中，一般的規律是政治產品儘管稀少，但總是供過於求。由於政治掌控著合法化權力的稀缺資源，在政治市場上陳列的政治產品應有盡有，即使暫時缺貨，只要市場需要也很快就可以獲得提供。問題的關鍵是掌握政治市場的需求是什麼，政治行銷的關鍵還是確立「消費者導向」的產品設計理念，從顧客的利益、需要和滿足來瞭解產品，甚至潛入消費者內心深處的欲望世界，

從中把握政治消費者的政治需求傾向。這一點在前面的市場區隔、對象鎖定和政治定位部分已詳論。

政治產品策略的關鍵是產品的設計。在設計政治產品的時候，至少要符合兩個前提：一是技術上能夠生產；二是市場上能夠銷售。技術上能夠生產的只是「產品」，市場上能夠銷售的才是「商品」。在政治市場上，重要的並不是提供什麼產品，重要的是如何將生產的產品轉化為可交換的商品，故而政治的商品化是產品策略的核心精神。與一般產品的商品化類似，政治產品的商品化也經歷一個複雜的過程，包括幾個不可缺少的步驟。

(一)政治品質特性

產品的品質和特性是確保產品商品化的最重要基礎。任何產品要想獲得市場，都必須在品質特性上與競爭對手相比有明顯的特色優勢或者不可替代性。品質不佳或者缺乏特性的產品在市場上基本毫無競爭力，即便是包裝精美、服務周全、造型獨特，也只能是金玉其外，難以經得起市場風雨的考驗和挑戰。政治領域與商業領域最大的不同在於政治領域的競爭往往是零和博弈，特別是在選戰之中，勝者獲得執政權力、輸了什麼都沒有，是典型的「贏者全拿」（Winner takes all）邏輯，在這種情形下，所謂對敵人仁慈即是對自己殘忍，也就不難理解。政治領域的此種特點決定了政治產品的品質特性，可以從三個層面來界定：一是不同政治力量的立場和原則。儘管立場和原則的恪守很可能會被誇大，但立場和原則最能凸顯政治只講實力、不論是非的特點；二是激烈競爭之下的針鋒相對更為尖銳，常常彼此醜化、窄化、矮化甚至弱化。雙方相互叫囂，窮追猛打，消費者正可更清楚地辨別兩者彼此的差異；三是政治代表性產品的某些社會特徵，比如政治人物的年齡、學歷、經歷、口才、出身、宗教信仰等特徵，是選民認識政治人物品質特性的最直接標竿，一旦某些特徵為選民所確

認，產品就變成了商品。

(二)政治品牌命名

品牌是指產品的名稱、標誌、圖案、符號、顏色等組合，用以區別某一產品與其他競爭產品，以及代表產品的價值、信譽和品質。品牌對於顧客的產品識別和衡量具有很大的影響，沒有品牌的產品被看作是品質不佳或者缺乏信譽的次品，很難得到消費者的信賴。政治產品的品牌往往與某一政黨、某一政治口號或者政治名號緊密聯繫，同一政黨的政治人物在各類政治活動中基本上會統一旗幟、顏色、口號、標誌等。當然，政治產品的品牌命名並不是隨意的，而是融入一系列政治基本理念和重大政策的元素而抽象形成的，不管採取何種方式，一旦某一品牌標誌深入人心，該產品可說就成功邁向商品化了。

(三)政治產品造型

產品造型指在設計和形狀上匠心獨具，凸顯該產品與其他產品的差異，以此給消費者留下更加鮮活生動的印象。在現代政治活動中，無論是政黨等政治組織，還是政治人物，無不重視造型設計。各個政黨都日益重視透過新聞記者會、造勢活動、演講辯論、宣傳材料、餐會等多元方式表達政治造型。眾多政治人物在髮型、服裝、走路的儀態、說話的口氣、演講的手勢等方面都聘請專門的設計師爲他們量身訂做，尤其是在公衆場合和媒體鏡頭下，幾乎每一個動作都是精心打造的產物。

(四)政治產品包裝

產品進入市場之後，必然需要包裝，甚至有的學者將政治包裝看作是與產品、通路、定價、促銷和公關並列的第六個P，足見包裝對於產品商品化的重要性。一旦政治產品被推向市場舞台，就必須進行包裝，以期能夠吸引政治消費者的支持，從而達成最終的政治行銷目

的（勝選、更多支持或其他）。不過，對政治產品的包裝切忌不可矯揉造作，最好讓人耳目一新又不失自然，做到與品牌、造型、品質特性等渾然一體，彼此配合。同時，政治組織和人物在為自己包裝的時候，也要善於為競爭對方「包裝」，讓己方和對方之間，形成鮮明對比，更能讓政治消費者留下深刻印象。

(五)政治服務保證

在選舉中，選民將票投給了其所支持的政黨或候選人，使之獲得政治權力，但政黨或候選人在勝選後是否依然重視選民利益、能夠兌現政治承諾？對選民來說，若是購買政治產品猶如購買家用電器之類的產品，自然也會想要比較完善的售後服務，希望自己購買的產品不是黑心商品。因此，政治行銷的大忌是亂開空頭支票，自食其言，不能兌現先前的政治承諾，而應當說到做到，誠信為上，否則在下一次選舉中，失望的選民會用選票還以顏色。

(六)政治產品組合

面對社會中多樣化的需求，政治產品往往並不是單一的產品，而比較近似一條涵蓋類似功能多種產品的產品線，甚至是由眾多產品線連結成的「產品組合」。從產品線的角度來看，行銷者要針對多樣化的需求，在提名候選人、確定「政策籃子」、改善服務條款等方面設計多樣化的產品。從產品組合的角度而言，行銷者也可以組織行銷團隊，形成協同作戰的態勢，比如在選舉中，同一黨派的眾多候選人結成連線，採取彼此呼應、同氣連枝的方法，相互拉抬助選，一起獲得選戰的勝利。

(七)政治產品試銷

政治行銷相較於一般商業行銷，風險更高，面對更多不確定因素，某產品能否真正在競爭激烈的市場中存活，充滿許多變數。為了

降低風險，在新產品上市之初，大多先採取試銷的方式，在市場上觀望一下風向。尤其是政治競爭是一種零和遊戲，行銷者大多寧願愼之又愼，將試銷的時間拉長一些，也不願意倉促上陣，馬虎行事而丟掉勝利。從各國的政治實踐來看，在大選前各黨一般都會舉行黨內初選，以便於推出受到黨內大多數成員支持的政治候選人，將那些聲勢不夠、名望不足以至於在正式選戰中很可能失敗的候選人淘汰出局，或者令其知難而退，將資源投注到勝選可能性較高的候選人上。

(八)政治產品生命週期

如同市場行銷的產品存在生命週期一樣，政治產品也存在一個導入期、成長期、成熟期和衰退期的週期，在每一個階段，行銷者都應該避免消費者喜新厭舊，或者認爲老面孔變不出新把戲的心理，適時對產品進行定位或者改頭換面重新出牌，使自己永遠處於成長期或者成熟期，而不要被認爲進入了衰退期。尤其是一旦政治產品不再受市場所青睞，行銷者就必須果斷決策，以壯士斷腕的氣概及時進行產品更新或者轉移戰場，將損失減少到最低，以便重整旗鼓，來日再戰。

二、推動策略

如同一般商品，政治產品設計推出之後，亦有其配送和通路過程，向著消費者的購買支持行爲進軍。於是，接下來的問題就是政治產品借助哪些通路和機制順利地達到終點。在政治行銷中，盛行著兩條通路以促進產品的商品化：一方面是訓練眾多由志願者組成的基層推銷員，透過各種行銷事件，開展面對面的人際推銷工作，被稱爲草根動員（grass-root campaign），也稱之爲推動策略；另一方面在各大媒體上推出政治廣告，引導公眾輿論對某一特定政治產品的支持，被稱爲拉動策略。

　　推動策略類似於市場行銷中的將商品從生產者手裡直接配送給消費者的通路策略，在政治行銷學中，配送機制圍繞關於產品的資訊傳送而展開，行銷配送主要負責處理行銷攻防戰的日常事務的管理，是一種從底層向前推動、依靠外在推力為主要動力特徵的策略，因此稱為推動策略。該策略主要是透過傳統的草根努力，或者在地方各個層次尤其是生活社區建立分銷和代理機制，透過舉辦一波又一波的頗具聲勢的基層活動，讓政治產品在消費者群體中深入人心，推動他們做出購買支持的行動。尤其是對那些初出茅廬、名不見經傳又缺乏經費、單槍匹馬去戰鬥的政治組織或者候選人來說，採取挨家挨戶拜訪的推動策略是一個更有利的選擇。

　　對於政治行銷來說，建立一支戰鬥力強的志願者隊伍網路是確保行銷戰取得成功的首要因素。推動策略依靠踏踏實實的辛勤耕耘，最寶貴的資源是時間和人脈關係，經過長時間累積建立起來的信賴關係是確保政治支持的最鞏固基礎。許多政治人物都十分注意長期經營根據地作為鐵票倉，如此基礎一旦等到行銷攻防戰鼓一響，其一呼百應的氣勢就會自動產生「推」的效果。如果政治人物自己政治累積不夠，地方政黨組織和社會派系的力量也是十分重要的支點，透過登門拜訪、政治承諾、發展友誼等方式爭取支持，間接地推動當地對自己的政治支持。

　　草根動員的推動策略最好盡可能採取豐富多彩和引人入勝的方式，讓政黨代表或者政治人物現身說法，與消費者直接見面交流，增進他們的感性認識和信賴關係。每逢選舉來臨，政治人物登台助選發表演講，與此同時，行銷團隊還舉辦各種大型活動，展開事件行銷，請來影視明星和演藝名人凝聚人氣，凝聚能量，不斷將行銷熱度抬得更高。這一切都是為了對政治消費者形成巨大的推動力，將他們推進政治市場，並且推動他們做出政治支持的購買決定、並付諸行動。

三、拉動策略

　　與市場行銷中的促進策略類似，拉動行銷策略成為政治消費者獲取資訊的第二條管道。與推動策略注重人際傳播資訊方式不同的是，拉動策略更注重透過大眾傳媒將訊息傳達給更多的消費者，進一步拉動民意支持率的升溫，主要的手段包括報紙、廣播、電視、雜誌等大眾媒體的資訊發布和政治廣告，以及直接郵寄、文宣、宣傳品等方法。目標是直接促進政治消費者做出支持行銷者的行為，激發他們的激情和強大內在動力，是一種依靠內在自覺為主要動力特徵的策略，故而稱之為拉動策略。

　　政治行銷中的拉動策略最主要體現在政治廣告上。儘管廣告介入競選領域比較早，但真正有意義的政治廣告應當是六〇年代以後電視的普及帶來的政治廣告。現在選舉期間的政治廣告五花八門，鋪天蓋地，防不勝防。特別值得一提的是針對競爭對手的個性或者政見展開詆毀式攻擊的負面廣告，通常是處於相當落後狀態的候選人，或領先的候選人在競選過程中選情急轉直下的時候，往往動用負面廣告。這類廣告盡可能傳達負面政治訊息，以特殊的聲音、視覺效果和敘述技巧來打擊對方，爭取選民對己方的認同。許多專家都認為使用負面廣告必須小心，弄不好很容易引起反感，甚至引發訴訟；畢竟大多數選民都喜歡正面的政治廣告，而且必須注意公平問題。

　　除了政治廣告以外，政治行銷還充分利用媒體的形象塑造功能，透過製造新聞吸引媒體關注、炒作政治議題、導演政治人物的脫口秀等方式，對特定政治組織和人物進行形象塑造，吸引民眾目光，使之成為公眾輿論高度關注的焦點。一旦等行銷戰打響，那些媒體形象比較突出的政治組織和政治人物，就會從中博取更多的加分，真正發揮錦上添花的拉動作用。

四、民調與數據行銷策略

　　民調和數字行銷策略類似於市場行銷中的定價策略，注重爲行銷者提供充足的訊息資料和資料情報，以及進行資料分析和研究，以此抬高行銷者在行銷戰中的身價和優勢。在政治行銷戰中，最重要和最流行的就是透過民調，隨民調的行市調整行銷策略已經成爲選舉社會中的政治家養成的一個政治習慣。

　　隨著訊息技術革命的發展和網際網路時代的到來，數字產業在政治行銷中的重要性日益上升，越來越成爲政治行銷策略組合中不可缺少的重要環節。從行銷戰的一線戰場形勢來看，對於相關資料掌握的熟練程度已經成爲決定產品競爭力的重要因素，這些資料內容非常複雜，涵蓋了經濟、社會、文化、對外事務的各個領域和全國與地方的若干層次，政治行銷已經不再是傳統的單項行銷，而是一種雙向交流的所謂量身訂做行銷，也就是將競爭的焦點精確到一些具體的細節和資料上，雙方的爭奪越來越變成一種資料爭奪戰。相應地，競爭的優勢從對資料庫的使用轉向對資料庫的研發，由此推論，在未來的政治行銷戰中，誰掌握更多、更精確的資料訊息，誰就將贏得行銷戰的勝利。許多政治行銷團隊中都包括內部的數據分析，除了借重外部專門的民調中心和研究機構，也自行進行研究調查以及時準確地捕捉相關資料，作爲調控整個政治行銷步調的參考依據。

五、公關促進策略

　　在現代社會，政治行銷已經不再是政治家和政治組織一家的事情了，而是逐漸演化爲社會全員參與的系統網路。爲此，公關宣導和社會促進日益成爲政治行銷所重視的策略，爲了塑造良好的社會形象，

需要廣結善緣，熱心公眾事業，進而獲取社會各界的好感和口碑，為政治行銷戰錦上添花或者雪中送炭。尤其是當政治行銷突發危機，面對媒體白熱化的詰問時，公關促進的這一作用尤為突出和重要。

　　與媒體的公關聯絡是公關促進的最重要環節。大眾媒體在現代社會中的重要性，已經無需贅言，能否得到大眾傳媒的理解、信賴和幫助，被視作政治行銷核心競爭力的一個重要方面。不過，與媒體的公關行銷必須遵守獨特的內在規律，切不可盲目胡來。首先，被譽為無冕之王的大眾媒體向來以立場中立和不偏袒任何一方自詡，對它既不可頤指氣使，也不能卑躬屈膝亦步亦趨，更不能盲目迷信金錢萬能對媒體抱有伺機利用的企圖，否則非但難以達到己方目標，相反可能會被媒體「議題設置」職能的篩選機制而遭變相封殺，故而平等、誠實、公正和自律應當是媒體公關的首要原則。其次，媒體公關還必須要投其所好，善於從社會發展趨勢和民意所向的角度挖掘素材，不斷向媒體爆料，提供它們需要的訊息材料，這並不會損害媒體的中立立場，反而會引發媒體的興趣，最終將其納入政治行銷策略的軌道為我所用。另外，媒體公關還必須平時多加培養與媒體從業人員之間的社會聯繫，政治行銷團隊中必須要吸納或者網羅一批善於與媒體人士公關的高手，最好是新聞界出身、熟悉媒體業務並且與現有的媒體從業人員有聯繫的人。政治行銷團隊的領導人必須確立這樣一個觀點：媒體公關對整個行銷全局的影響力和滲透力難以估量，至少在關鍵時刻媒體美言幾句，其產生的效果絕不是金錢所能購買的。

第五章

政治行銷的傳播管理

- 政治行銷與傳播
- 傳統主流媒體
- 新興媒體
- 政治行銷的媒體操作

政治行銷

摘要

　　政治行銷與傳播、媒體一直有著密切的關係。隨著傳播科技的進步，大眾傳播媒體發展日益興盛，與社會大眾的日常生活密不可分，時至今日，政治行銷的媒體規劃之中可能包括了運用傳統主流媒體、新興媒體（網際網路）、組織動員與人際傳播等方面，針對不同的狀況與需求，以不同的傳播策略來加以應對。為了發揮分進合擊的綜合傳播效果，才不至於各說各話，本章重點即在探討運用何種傳播媒介進行政治行銷，乃至如何整合管理，發揮最大效益。

第一節　政治行銷與傳播

　　政治行銷與傳播、媒體一直有著密切的關係。政治訊息，包括廣告、宣傳、說服等，如何透過一般大眾傳播通路，如報紙、雜誌、電視、廣播等傳遞給大眾，效果又如何，都長期廣泛為學界所關注研究。在進一步探討政治行銷與傳播之前，首先應先就傳播的定義加以釐清。傳播是一種訊息的交換，是人與人之間互動的基礎，也是社會組織的根源（彭芸，1986：5）。早在1948年，美國政治學者拉斯威爾（Harold Lasswell）曾對傳播加以定義如下：

Who	誰？
Says What	說了些什麼？
In Which Channel	經由哪些途徑、通路或管道？
To Whom	給誰聽？
With What Effect	產生何種效果？

　　這則定義指出了傳播過程中五個重要因素：傳播者、訊息、媒

介、受眾與傳播效果（鄭自隆，1992：3）。尼謀（Dan Nimmo）根據這幾個基本要素探討政治傳播過程中的不同部分：(1)政治傳播者；(2)使用語言、符號、技術等；(3)透過政治傳播的媒介；(4)達到政治中不同的觀眾；(5)傳播在政治中的效果（Nimmo, 1977: 442）。

　　傳統的政治傳播者當然多為政治人物。在古典投票研究中認為人際間的傳播管道較大眾傳播媒介，更能影響投票行為，訊息除非是經過強有力的傳播者，才能發揮威力，因此對於傳播者的屬性、價值、信念、動機等積極研究；三〇年代對政治傳播者的研究相當盛行，四〇、五〇年代則偏重在意見領袖，同時也對人際傳播、組織通路做了很多研究（彭芸，1986：11-14）。隨著傳播科技的進步，大眾傳播媒體發展日益興盛，與社會大眾的日常生活密不可分，學界對於大眾傳播媒體（電視、報紙、雜誌、廣播乃至今天的網際網路）的影響力也有了更多認識與探討。

　　在政治行銷的媒體運用中，主要常使用以下五類媒介：報紙、雜誌、廣播、電視和網際網路。不過政治行銷使用的媒介並不限於大型的大眾媒體；根據研究者分類，包括下列媒體（鄭自隆，1992：111-116）：

1.印刷媒體：以印刷的方式，透過文字或圖畫的表達將訊息傳遞給選民，形式包括名片、傳單、海報、大字報、競選快報、貼紙、小冊子、競選書，當然也少不了報紙、雜誌廣告與新聞報導。

2.電子媒體：運用電子器材傳達政黨或候選人的訊息給選民，形式包括有線與無線電視、電影院廣告、競選歌曲、短片等。

3.戶外媒體：設置於戶外環境中的靜態傳播媒體，形式包括布條、看板、汽球、風動招牌、旗幟、花燈、公車站牌廣告，以及提供各類服務效果的戶外廣告（如座椅、垃圾箱、飲水機、

涼亭、良心傘等）。

4. 車輛媒體：利用車輛外表的設計來作為候選人宣傳訊息之用，包括候選人的宣傳車，以及裝置於各類大小車輛上的車體外廣告。機車或汽車上可以掛旗幟或貼貼紙來表示支持某政黨或候選人，在大眾運輸交通工具如公車上則有車體外廣告可收宣傳之效。

5. 贈品媒體：運用贈品來作為傳達候選人訊息的媒介，種類非常繁多，例如日曆、月曆、農民曆、電話簿、鑰匙環、杯子、紀念章等等。贈品的種類不脫離人們食衣住行育樂的生活範圍，通常來自觀察一般人的日常生活需求，而設計出有創意、又能有效傳達候選人特色的贈品來吸引支持者。

6. 展示媒體：透過裝置來顯示候選人的風格與形象，包括競選總部、精神堡壘等。

整體來說，由於社會大眾知識水準提高，更有興趣瞭解政治與公共事務，也更願意發表自己的意見。這一點由報禁初解除時媒體百家爭鳴的盛況可見一斑。新聞自由與媒體一夕間鬆綁，緊隨而至的是廣播頻率釋出、不斷冒出的有線電視就地合法。解嚴前後到解除報禁，是台灣媒體前進很重要的里程碑，過去的禁忌沒有了，各種形式的深入報導與調查報導出現，媒體加速了台灣政治民主化（陳俍任、蔡惠萍，2007）。逐漸地，社會更開放，閱聽大眾的需求和喜好愈來愈多元，而傳播媒體也隨著市場需求愈來愈發達，提供各種不同的資訊和節目類型，每個閱聽人越能夠方便地從傳播媒體獲得所需要的資訊或服務，就愈依賴媒體。近年來現代社會生活步調愈發緊湊，人們工作壓力愈大，一方面既依賴媒體提供大量資訊，另一方面更需要透過大眾傳播媒體紓解苦悶與壓力，於是媒體所提供的內容，也走向休閒、輕鬆、娛樂，視覺化成為大勢所趨，因為圖像的表達比文字更為直

接、具體，更容易抓住閱聽大眾的目光。此一傳播的趨勢，也影響了政治行銷。

　　對於政治行銷與政治溝通的研究者而言，共同都關心媒體究竟可能對選民的投票行為有何等影響？是否只要接收者得到資訊，就會影響認知及態度？有學者經實證研究後發現，大眾傳播媒體只會讓民眾政黨知識增加，但對投票行為的影響卻不是很大（王嵩音，2006）。民眾對於評價大眾傳播媒體是否負面、與民眾對政府的信任並無顯著關聯，而且就算選舉新聞報導普遍被民眾認定是負面的，但反應是少看或不受影響，甚至是民眾支持某個政黨，才會因此去收看媒體，是從主觀意識出發而為之選擇（彭芸，2002）。但即使如此，媒體依然是民眾和政黨之間的溝通橋樑，更具備影響民眾在政治行為模式和政治參與的功能（吳家晉，2001）。競選期間中在新聞媒體上的報導露出，確實能夠提升民眾對各政黨候選人及議題政策方向的認知（Zhao & Chaffee, 1995），民眾對新聞的關心與興趣程度，也是民眾對競選議題認知高低的重要指標（Chaffee, Zhao & Leshner, 1994）。而且民眾會主動搜尋想要的資訊，並做出理性的投票決定，即使媒體提供訊息缺乏深度內容，民眾仍然可得到相當的資訊當作投票依據（Tolbert & McNeal, 2003）。由此可知，媒體操作在整體政治行銷規劃中絕對是不可或缺的一環。

　　規劃政治行銷，重點在於如何使宣傳效益極大化，在現代社會，當然少不了應用大眾傳播媒體與各類媒體、傳播管道。政治行銷涵蓋的層面本就相當廣泛，在今天可能包括了運用傳統主流媒體、新興媒體（網際網路）、組織動員與人際傳播等方面，而種種的媒介與傳播手段，均在政治行銷的規劃來展開與進行，才不至於各說各話，而能發揮分進合擊的綜合傳播效果。以下重點，即在探討運用何種傳播媒介進行政治行銷、乃至如何整合管理，發揮宣傳綜合效益。

第二節　傳統主流媒體

　　傳統媒體一般指電視、報紙、雜誌、廣播，具有幾點特性，包括：(1)相同的資訊；(2)單向溝通；(3)強迫接受；(4)媒體訊息時間短；(5)資訊簡單（Barker & Gronne, 1996）。電視、文字媒體相較於網際網路，可從感官特性、媒體資訊傳送速度、媒體訊息的控制方式，以及媒體涉入程度的差異來比較（Dijkstra, Buijtels & Raaij, 2005）：首先就感官特性而言，電視與網際網路媒體都同時具有視覺與聽覺效果，文字媒體則只有視覺效果；以資訊傳送速度而言，由於電視具有直播的特性，因此傳送速度較快，文字媒體與網際網路則屬中等，網際網路中等的原因為受頻寬限制；在媒體訊息控制上，因為電視媒體控制的是資訊傳遞速度和順序，屬於外部控制；而網際網路與文字媒體則可讓使用者自由處理資訊的觀看速度和順序，屬於內部控制。關於使用者涉入程度，電視為多重感官媒體，同時包含聽覺與視覺，因此較能影響低涉入程度的使用者（Buchholz & Smith, 1991），而文字媒體與網際網路媒體，因使用者擁有處理資訊的自主權，所以較無法影響低涉入程度及被動使用者，但卻能建立較佳的認知處理程序以及引導更多認知回應（林心慧，2008）。

一、電視

　　在美國，只要候選人願意付出高價的廣告費，電視台就可以幫候選人製作及播出精美廣告、大篇幅的報導候選人的近況、全天候二十四小時跟蹤候選人，讓候選人成為民眾輿論的焦點，進而影響民眾投票行為，將候選人推上總統寶座。候選人選擇媒體作為競選的重

要舞台，代表只有被媒體反覆曝光的候選人，才會讓民眾注意，並獲得民眾偏愛（孫哲、沈國麟，2002）。在美國有一句俚語，「進入政治絞肉機，讓新聞界任意碾壓」。競選就是在電視上製作政治明星讓民眾選擇，候選人本身成為商品讓顧客（民眾）挑選，商品本身要有獨特性才能吸引顧客，而媒體則扮演宣傳商品獨特性的代言人。2000年美國總統大選中，小布希的競選團隊就著重突出小布希的個性和道德品性。因為經歷柯林頓緋聞案的美國媒體，在總統大選和國會選舉中，更把個人品性放在報導的重要位置上，甚至在總統競選中，品性和道德操守超過兩黨公布的政治主張，成為媒體報導新聞的第一主題。因此總統選舉就等於包裝一批候選人成為政治商品，以獲得民眾手裡盡可能多的選票（孫哲、沈國麟，2002）。

　　由於電視媒體同時具有聽覺和視覺的感官特性，透過動態的影像、文字和聲音，更能夠吸引使用者留下深刻印象。但是相對於報紙及廣播，電視屬於冷媒體，而冷媒體的特性是單純給予資訊，且無法讓使用者有互動機會，提供的訊息也較文字媒體少，也要求民眾較高程度參與，以填補或完成資訊的不足（McLuhan, 2002）。

　　在電視、廣播和網際網路之中，研究顯示電視新聞最能用來預測民眾對候選人議題立場的認知（Chaffee, Zhao & Leshner, 1994）。民眾會由於注意到媒體新聞，而增進關於政治的知識（Semetko & Valkenburg, 1998），而且民眾相信自己能夠瞭解政治人物在媒體中所發表的言論，進而認為自己參與投票可以對政治環境有所貢獻（Pinkleton, Austin & Fortman, 1998）。

　　台灣民眾不僅大部分家中有超過一台電視以上，且收看電視時間大多為兩小時，因此電視媒體對台灣的影響力具有相當高的程度（彭芸、梁德馨，2006）。台灣民眾收看政論性節目情形普遍，根據盛治仁全國電訪結果，偶爾或經常收看電視談話性節目的民眾高達58%（盛治仁，2005）。張卿卿與羅文輝在全國電話訪問研究中也發現，

受訪者中有46.2%表示上週有收看政論性談話節目，其中又以每週收看二至三天的比例最高（張卿卿、羅文輝，2007）。2004年中研院進行的台灣社會變遷基本調查計畫資料裡，顯示有看政論性節目占59.4%，其中有時會看與經常看的占32%（中研院，2007）。由此可知，目前電視對民眾的影響仍是最大。

二、報紙

報紙的特性是：(1)屬於新聞媒體，不同於電視、消費雜誌等是以娛樂為本質的媒體；(2)每日出刊；(3)閱讀不受地點和設備限制，隨處可得；(4)要求使用者主動閱讀而且傳閱率高；(5)有地方性和全國性的分版措施（李皇照，2008）。電視集聲光影音效果為一體，在處理生動、引人注目的議題較能發揮；報紙則以文字為主，提供民眾思考邏輯較為周密的資訊，因此不同媒體特性，對民眾會產生不同的政治學習效果。根據張卿卿的調查可發現，收看電視與報紙公共事務報導數量次數越高，政治參與程度越高，而報紙的影響又比電視大，閱讀報紙新聞與政治參與具有最強關聯性，且高於電視新聞的使用（張卿卿，2002）；意即閱聽者收看電視與報紙的公共事務報導數量越多，則政治參與程度越高，並且以報紙與政治參與的關聯性最強，代表閱讀報紙越多，政治參與可能性愈高。翁秀琪和孫秀蕙研究顯示，閱讀不同報紙和收看不同電視新聞對政治知識沒有影響，但閱讀不同類型報紙，和收看不同類型電視新聞會影響政黨偏好和投票行為，證明媒體使用會影響民眾的政治態度與政黨偏好（翁秀琪、孫秀蕙，1994）。因此，報紙依然是規劃政治行銷時的重要媒介。

三、雜誌

就新聞內容而言，報紙與雜誌對新聞的判斷標準大約是相同的，原則就是大多數使用者關心的新聞就是最有價值的新聞。不過雜誌由於篇幅問題，因此無法比報紙有更多的文字內容，而且需要大量照片輔助，但雜誌內容大多以彩色為主，因此較能吸引讀者的目光。由2007年閱讀雜誌次數的調查中可發現，近60%的民眾閱讀次數為一星期一次至每個月一次，而且閱讀時間在十分鐘到一小時（邱炯友、張大為，2008），由此可知，台灣民眾在閱讀雜誌方面仍有較高的關注力。這是由於雜誌的內容是閱讀者自行尋求，因此會比一般電視、廣播媒體在印象及記憶力上，有更高的顯著性（Dijkstra, Buijtels & Raaij, 2005）。

四、廣播

廣播的特性是快速、不受時間、地點限制，工作、開車，甚至看書時都可隨時隨地使用收音機接受訊息。學者指出廣播政論性節目聽眾與電視新聞觀眾的政治興趣高於其他類型的媒體內容使用者（Davis & Owen, 1998）。廣播的收聽率呈日益下降的趨勢，雖然下降的幅度不甚明顯，但也由此可知其他媒體的興盛削弱民眾對廣播的注意力。不過，由於廣播也走向數位化的時代，使廣播也能在網際網路上很方便地收聽或下載，對收聽者廣播依然有其影響力。

第三節　新興媒體

　　我國網路普及率在2010年時突破七成，網路使用人口年齡層不斷兩極化，呈現出使用網路的老人年齡層往上升，以及幼童人口的年紀往下發展的趨勢，鄉鎮地區與都市之間的數位落差現象縮小；基於使用網路的人口越來越多，而「網友」的力量也越來越大，候選人更加注重「網路選民」，重視網際網路此一新興媒體在政治行銷中所具有之充滿潛力傳播效益。就如同彭芸在研究1998年台北市長選戰中馬英九，陳水扁以及王建煊三人的網路競選行動，結論指出：「網路選舉的研究方興未艾，不論是從傳播者、內容、閱聽眾角度看，可供探究的問題將是二十一世紀政治傳播研究的主流，除了理論上可待開發處甚多，方法上的突破與創新更待更多學者的投入」（彭芸，2001：259-351）。

　　與傳統媒體相比，網際網路有幾項特性：(1)網際網路可以傳達豐富的訊息及細節；(2)網際網路成本相對低廉，可降低傳達資訊給使用者的成本；(3)網際網路可與使用者做詳細溝通；(4)網際網路可同時對短期及長期潛在目標發生作用；(5)網際網路功效主要讓使用者自行產生認知，而不是刺激使用者使用；(6)網際網路較不容易吸引使用者注意；(7)網際網路對改變或維持使用者態度的顯著性低（李宜璇，2003）。以網際網路作為競選工具的優勢為：可自行參與、訊息豐富具深度、成本低廉、可隨時使用、可重複曝光、具永久性和保密程度高（莊伯仲，1998）。網路媒體更可以吸引不太使用報紙、電視、收音機的年輕世代選民。年紀比較大的選民政治傾向通常已經固定，因此年輕選民是最值得候選人透過網路去爭取的對象（莊伯仲，2007）。

　　相較於電視、報紙等媒體，網站設置及維護的成本低廉，而且不因使用者增加而增加成本，使得不論財力大小，有心參與公共事務的政治人物都能獨立經營網站，向民眾散播政治訊息，提供候選人比較公平的競爭基礎。網際網路也能夠整合各類媒介，促進傳播、溝通的效能；現在使用者不僅能在網際網路上收聽廣播，也能即時觀看電視，就連報紙、雜誌也可在網際網路上觀看，網際網路作為媒體能同時整合另四種傳統大眾傳播媒體所提供的資訊，且以更方便、更快速、更即時的方式傳播。電子媒體興起，使候選人個人魅力及人格特質在選戰中本就更為重要，透過媒體報導與轉播，候選人本身能很快成為民眾注意焦點，而候選人也能以媒體來塑造本身形象；民眾結合媒體所提供最新資訊，和本身政治知識和立場結合後，可形成對候選人整體知識及印象（金溥聰，1997）。如今選民可透過網際網路取得即時與深入的資訊，瞭解候選人政見及過往經歷，意味著政治資訊散播的成本更為低廉，利用網際網路可以增加提供政治資訊的規模和速度，對於政治人物而言，網際網路當然是政治行銷操作不可或缺的媒介。

　　「網路科技」可以算是在使用「推銷式行銷／草根式行銷」的最佳利器，因為候選人可以利用建立遍布全國的「志願者網路」或是「草根動員」，各個鄉鎮的地方黨團為候選人成立小型的組織，爭取人力與財力的支持，作為候選人的後盾。同時藉以檢視草根力量的指標，可以用「募款成績」來驗證，如果募款得到的經費越高，則代表草根動員的力量也越大。

　　網路使用者對於政治的關切度如何呢？研究發現，依賴電視為政治資訊來源者，政治興趣越低；而網際網路則有越來越高的趨勢（Johnson & Kaye, 1998）。雖然部分研究結果顯示網際網路不會影響民眾投票行為（Bimber, 2001），但其他學者研究則顯示民眾觀看網際網路選舉新聞，的確會增加投票意願及其他形式的政治參與；民眾在

選擇媒體時，會較在意所選政黨的資訊。而且經常在網際網路上使用電子郵件或討論區的人，比較會參與各種政治活動（Tolbert & McNeal, 2003）。但相對而言，對政府或政治人物懷疑的民眾，極有可能會尋求網際網路裡的負面政治資訊，於是會更進一步加強對政治的負面態度，也使民眾對候選人更加不信任（Kaid, 2003）。

不少學者指出，從政治傳播的角度說明競選活動對民眾投票行為的影響效果有限，因為競選活動透過媒體所帶來的影響效應可能被各種因素所稀釋。首先，由於民眾並不十分關注周遭政治訊息，因此媒體無法對民眾投票行為造成影響。第二，在各方陣營競選行為的互動下，內容相互衝突的訊息會抵消彼此的影響。第三，民眾基於先前的政治立場和偏好，選擇性注意或忽視特定訊息，傾向扭曲媒體訊息進而瓦解媒體的影響。第四，任何傳遞到個人身上的訊息會經過社會互動模式和溝通模式的處理，民眾接受到媒體訊息會傾向強化既有的投票選擇，而不會接受與自己意見相反的看法；民眾會有意或無意選擇本身所偏好的立場、信念與態度的訊息來源，而避開與自己意見相左、立場相反的媒體訊息（Lenart, 1990; Zaller, 1992; Gelman & King, 1993）。

但亦有學者分析，第一，傳統媒體發展許久，電視媒體已成為民眾獲得相關政治訊息的重要管道，而網際網路的發展正開始逐漸影響民眾對電視的使用，因此民眾雖然對政治訊息不感興趣，但依賴媒體提供資訊，在使用電視及媒體時，仍會接受訊息。第二，現代人越來越有自己的意見、想法，就算在同一家族中，也不會全都是同一政黨，在這種情形下，媒體仍是影響民眾認知的重要因素。第三，中立民眾逐漸增加，造成越來越多民眾是在投票期間才決定自己所傾向的候選人，並且在競選期間獲得的政黨知識、候選人宣言等也會影響到這些較晚決定的民眾。第四，雖然競選活動之間的效果會彼此抵消，但假若候選人之間產生勢均力敵的現象，媒體可能就會對選舉結果產

生重要的影響，甚至可以逆轉勝負；就如同可口可樂與百事可樂之間的競爭，雖然兩者在口味、價格上無顯著差異，但企業仍希望在消費者選擇時，能先想到自己這方（Benoit, 2006）。

　　在現代社會中，由於社會的分化、媒體的發展以及社會生活的多樣化，從政治訊息的釋放到受眾的接收需要經歷一個複雜的過程。從聽眾的角度來看，即便是接收同一訊息，有的來自大眾傳媒的新聞和政治廣告，有的則來自社會運動和政治事件的感知，還有的可能來自人際傳播、政府直接的新聞發布，故而也會面臨來自眾多管道的選擇問題，有些時候不同管道得到的訊息不完全一致。從行銷學意義上來看，對於上述訊息管道的管理，相當於商品行銷中的行銷管道管理問題，透過協調管理行銷管道，可以營造一個良好的長期夥伴關係，將社會中的眾多組織和成員編織到行銷管道體系中，共同發揮政治訊息使用者和行銷者的作用。

第四節　政治行銷的媒體操作

　　在現代社會，大眾傳播媒體的重要性早已有目共睹，透過大眾媒體進行資訊傳播當然是選舉政治行銷不可或缺的一環。大眾傳播媒體可以說在某種意義上負擔起政黨或候選人與選民聯繫的任務，例如透過電視，候選人直接出現在每一間客廳的螢光幕上，選民能夠憑自己對候選人的印象做出判斷。雖然大部分政治候選人依然維持挨家挨戶拜訪、鞠躬握手拜票的行程，但透過大眾傳播媒體進行形象塑造、議題操作等等，早已是政治行銷的慣用方法之一，任何一個候選人都不敢放棄這一重要的管道。

　　選戰之中，專業的政治行銷主要會運用下列四種傳播方法：

一、付費媒體

付費聘請專業團隊製作政黨或候選人的廣告,購買主流媒體上的播出時間或刊出版面,向選民釋出訊息。付出金錢來購買廣告,目的在於向大眾傳播政治訊息,其優點是在眾多大眾傳媒管道中,廣告可能是唯一能由政黨或候選人完全控制其內容的傳播形式,候選人可以完全按照自己的想法或選戰情勢需求來設計廣告內容。當然,政治廣告不僅要選民獲取資訊,更重要目的在於說服選民支持候選人,候選人都希望政治廣告發揮政治說服的功效,因此在設計廣告的時候也不可能置廣大選民的民意和品味而不顧。

在眾多候選人品牌林立的政治市場中,政治廣告如何幫助候選人脫穎而出,在選民／政治消費者腦海中確立獨一無二的特性,是政治廣告內容設計面臨的主要課題。一般來說,政治廣告的功能在於將某一政治產品的某些功能符號,與消費者的欲望和訴求聯繫在一起,實現政治符號與廣告訴求的共鳴。美國學者約瑟琳(Richard A. Joslyn)在分析不同競選期間出現的八百零三個廣告時,發現政治廣告往往十分注重六類訴求內容:

1. 期望政策選擇的訴求。此類訴求是給選民有機會來比較候選人的政策承諾,使選民投票給那些最接近其政策喜好的候選人。此種訴求是導向未來的,選民可預知候選人的政策意圖與喜好。
2. 回顧政策表現訴求。此類訴求要求選民回顧參選人過去的表現是否讓大家滿意,是一種算老帳的形式。
3. 慈愛領袖的訴求。此類訴求關注候選人的人格特質和個人屬性,注重形象政治,包括候選人的熱誠、同情心、正直等。

4.政黨訴求。此類訴求附加政黨標籤，包括訴求兩黨、訴求己黨、訴求對手政黨、直接訴求或者含蓄訴求等。

5.意識型態訴求。此類訴求強調意識型態的偏好。

6.象徵訴求。此類訴求依賴神話、文化觀念等闡述政治偏好，將選舉看作是儀式，喜歡使用戲劇化的主題和行動吸引選民目光。從政治廣告的分布比例來看，電視廣告更注重傳達候選人的人格特質、執政表現、文化理念和價值等，很少用政治廣告來傳達政策喜好、意識型態立場或者政黨認同。

在把握選民訴求的基礎上，政治廣告的內容設計也是非常講究的。戴蒙德和貝茨（Diamond & Bates, 1992）認為一則典型的美國政治廣告包括四部分內容：

1.廣告必須建立候選人的基本身分特徵，以此為基礎構建後續訊息。

2.廣告用概括性的語言總結出候選人的政策觀點，盡可能減少外來細節，同時帶有情緒訴求。

3.以負面素材攻擊競選對手。

4.依據選民／消費者的價值觀和欲望，賦予候選人正面的意義。

在美國，政治廣告已經到達十分成熟的程度，基本涵蓋了陳述政見、攻擊對手、反駁批評、塑造形象等方面的內容。其中，攻擊對手、反駁批評和塑造形象尤為重要。

從表現方式上來看，政治廣告則是多種多樣，不拘一格。一位觀察家基於對三十多年政治廣告的分析，列出了政治廣告的八種類型：

1.原始型廣告。觀眾可以明顯看出經過了排練的廣告。

2.談話型廣告。候選人的演說使選民相信他能妥善處理某問題，

勝任某職務。

3.負面廣告。此類廣告寧可對候選人自己的長處避而不談，卻集中火力攻擊對手所謂的短處。

4.作品廣告或者概念廣告。此種廣告用來傳達候選人的競選理念。

5.紀實類廣告。此類廣告描述了候選人在真實場景中與人們的對話，也可以用於非正式的場景中。

6.證言式廣告。此類廣告一般採取路人證言和民眾之聲的方式表現。

7.名人推薦廣告。此類廣告由來自世界政治、娛樂、藝術以及體育圈子裡面的知名人士出面支持某一候選人，將名人的威信和身分轉移到候選人身上。

8.中立廣告。以新聞報導的方式向觀眾傳達客觀事實，讓觀眾自己做出判斷。不管採取何種表現方式，政治廣告沒有好壞優劣之分，只有效果大小之別。

隨著政治廣告設計的日益專業化，政治廣告的精美程度和製作成本與日俱增，逐漸形成了自己獨特的修辭模式和視覺風格。首先，從時間長短上來看，大多數政治廣告變得日益短小精悍，少有長達五分鐘的冗長廣告，現在的競選團隊大多偏愛三十至六十秒的插播廣告，爭奪的關鍵僅僅是在哪一個時段播出，尤其是所謂黃金時段。其次，從廣告內容來看，越來越多的廣告強調候選人的形象塑造，淡化議題和政策立場的傳播，尤其喜歡運用生動活潑的照片和圖像，而非大量使用文字，政治廣告僅僅成為識別候選人的一連串符號。再次，從表現手法上來看，更多的政治廣告側重煽情手法，更多採用象徵、神話、戲劇化的手法刺激觀眾的感官，塑造一種心理和情感氛圍在選民心頭揮之不去。最後，從廣告定位來看，越來越多的競選廣告偏向於

負面廣告，以提供負面資訊爲主的攻擊性廣告或者詆毀式廣告越來越流行，將對手與自己相比較，以凸顯自己的優勢和對手的缺點，以進攻代替防守。儘管不少學者提醒使用負面廣告要小心謹慎，但是只要競選還沒有禁止廣告，負面廣告一定會存在，成爲候選人樂此不疲的競選利器。

二、新聞議題操作

製造新聞，吸引記者採訪，透過事件來爭取曝光度。這與直接用錢買媒體爲自己宣傳不同，議題操作並不直接購買媒體的時段或版面，而是透過議題本身的重要性來吸引媒體記者採訪，從而獲得報導和曝光的機會和空間。另外，付費廣告有一個根本的缺點，那就是無論廣告製作者如何坦誠，在選民看來都不免有自我吹噓的嫌疑，選民在接受政治廣告資訊的時候總會在內心深處有所保留；相比之下，新聞媒體具有較高的可信度與客觀性，特別是那些沒有經過技術上剪輯處理的現場直播，比經過後製的廣告看來眞實得多，可能更能博取選民的信賴。

在選戰期間，一旦候選人登記，就立刻被置於媒體關注的核心地帶，受到媒體聚光燈的追逐，如何利用媒體對政治候選人和競選事件關注的特點，精心設計媒體事件，成爲候選人競選媒體策略的一個重要組成部分。概括起來，政治候選人會採取以下四種方式吸引媒體的關注，增加曝光率。

(一)候選人親自上場，吸引觀眾目光

許多廣受社會關注的公共場合，往往是候選人自我行銷的最佳時機。有些候選人會參加談話類節目，增加自己的曝光率。相較於政策理念，媒體也對候選人的生活、家庭、人生經歷等感興趣，提供一些

具體個人細節可以吸引媒體，並有助強化形象識別，讓透過媒體接收到訊息的大眾能夠更明確在心中將自己定位成為某種特定形象，增強選民投票給自己的信念和情感。在上鏡或出場之前，精心梳妝打扮也是不可忽視的環節，服裝可以透露出許多重要訊息，向大眾傳達自己的個性與理念，裝束得宜更能夠引起大眾的好感和親切感。

(二)即時因應事件

這是指當發生一些公眾關心的重大事件的情況下，候選人即時發表看法，甚至提供獨家消息，很容易受到媒體的重視與青睞，努力做到哪裡有新聞，候選人或者新聞發言人就要出現在哪裡。

媒體顧問必備的技能必定包括善於撰寫新聞稿，候選人的新聞稿大多強調對競選者有利和對手不利的觀點，但是抓對議題重點的報導能夠爭取到更多的曝光機會。新聞稿應當按照不同的文體寫，比如消息、特寫、通訊等，儘量挑選具有新聞價值的事件來寫。若是在地方選區，有明確的地方媒體名單，熟悉記者和編輯的工作時間表，更能透過發送簡訊或傳真在第一時間將新聞稿發送給記者。

(三)主動製造事件

像是發起一項公眾廣泛參與的公益活動，使之成為一段時期內媒體討論的話題。在專家幫助下，設計一項廣大公眾感興趣的活動形式，透過召開記者招待會、媒體簡報和展示會等方式，吸引媒體記者的參與，炒作議題，引動輿論；在此基礎上，組織社會各界民眾參與，渲染聲勢，吸引媒體前來報導，更能形成人心所向的氣勢。

無論是候選人接受媒體採訪，還是導演新聞事件，專業人士提供協助和訓練逐漸也形成一種商業模式。隨著媒體在選戰中地位的上升，媒體顧問（media consultants）和選戰專家（spin doctors）成為競選團隊中不可缺少的成員，由其專門制定媒體策略，有組織地駕馭一波波的新聞浪潮。新聞操作的空間相當廣泛，不管是全國性的議題，

還是地方性的議題，都有可能吸引媒體關注，將新聞報導轉化成候選
人自我表達、讓選民留下印象的場域。也因此許多候選人絲毫不放棄
任何可能引來媒體、增加曝光的機會，在公共場合爭著發言、搶著表
態，極盡渲染表演之能事。

　　當然，此一操作方式存在一定的風險。畢竟編輯權掌握在媒體
手裡，如何報導、採取何種態度，對於最終結果影響很大，一旦操作
不當，就可能造成極其嚴重的後果。為避免因為一次小小口誤而失去
勝利成果，在進行新聞議題操作必須審慎評估，在走向攝影機鏡頭之
前，一定要做好充分的準備。

(四)名人推薦

　　透過知名人士、公眾人物或意見領袖推薦背書，借助其影響力拉
抬自己的知名度，也是經常使用的方法。在一般商業領域，通常就直
接請名人推薦產品或擔任代言人，通常是比較貼近一般生活領域、廣
受大眾喜愛或歡迎的傑出人士，例如體育選手、影視明星等等，帶來
熱鬧和人氣。在選戰的政治行銷規劃中，通常會邀請的是人氣旺盛、
尤其是對特定族群具有重大影響力的人物，可能包括工商企業家、學
者教授、政壇大老、醫師等專業人士、宗教領袖、文人藝士等。由於
選戰涉及政治議題，遠比一般商品行銷來得特殊與敏感，即使邀請名
人，對方也可能基於種種考量而未必同意；就算同意，其背書也不一
定就帶來選票，有時候還可能刺激對手支持者的危機意識而激發其投
票意願，在使用上不可不慎。

　　除此之外，印製文宣或提供免費小贈品給選民，是選戰中的政
治行銷常見手法，由於選戰時間往往相當長，為了要緩和嚴肅氣氛，
有趣或溫馨的話題也很受媒體歡迎，因此有些別出心裁的文宣品不僅
很快就被民眾索取一空，甚至還可以引發話題、吸引媒體報導。近年
來，隨著網際網路的發展和普及，網路更成為選戰的兵家必爭之地。

大多數政治候選人都會建立自己的競選網站，將自己的簡要情況、政績、競選口號、從政理念等在網站上集中展示，有的還利用網站籌款，與選民交流對話等。若是候選人受限於經費，未能在電視等主流大眾媒體上播出的影音宣傳廣告，現在也可以透過網路來傳播，只要做得新穎有趣有創意，受到吸引的選民自然會去點閱觀看、甚至主動協助轉寄，達成良好的宣傳效果。

隨著資訊化、都會化的發展，許多選民投票給政黨或候選人的依據，通常來自於其對政黨或候選人形象的感覺，而候選人的形象資訊來源，大多來自大眾傳播媒體的塑造。傳統主流媒體價格不斐，在運用上格外需要注意鎖定目標，以凝聚群眾支持、激發投票意願，讓傳播效果發揮最大效益。媒體有眾多類型，不同型態的媒體影響力是不一樣的，究竟應選擇何種媒體進行操作，應該綜合考慮媒體的特性，而做出適合的政治行銷規劃。

實務篇

政治行銷的台灣經驗

第六章

選戰中的政治行銷

- 選戰政治行銷的組織
- 選戰政治行銷的策略規劃
- 選戰政治行銷的危機處理
- 案例分析：2012總統大選的政治行銷

摘要

　　選舉是現代民主國家的重要活動。對於一般選民，提到選舉可能只聯想到投票，但實際上打選戰是一個極度複雜、變化多端的政治過程，包括了競選策略策劃、募集經費、宣傳行銷、協調組織等等環節；正因其複雜多變的本質，最初即是從實務上開始運用行銷學的概念與技術加以統整、管理與操作，而有「政治行銷」的誕生。換言之，政治行銷係從選戰的背景與環境中獲得其滋養，參選政黨與候選人在選戰中借鏡行銷學的理論、方法與技術，以向消費者行銷商品的方式，將政黨與候選人「行銷」給選民、支持者、媒體、社會大眾，希望能夠影響其行為──投票，最終實現己方勝選的目標。隨著人口數變多、族群更多元，更多人成為有權投票的選民，選舉規模越來越擴大，涉及更多不同層面與途徑的行銷，需要更多專業，也更需要加以整合，避免多面作戰、各行其是，能夠在選戰中統整資源、妥善調度的政治行銷也就更形重要而不可或缺。本章重點，即在於政治行銷運用於選舉的實務探討，究竟在一場選戰之中，政治行銷如何運作，以及在哪些方面發揮影響力？

第一節　選戰政治行銷的組織

　　雖然選戰千變萬化，在一場選戰中，與政治行銷有關的實體組織通常包括下列四個主要部分：

　　第一，競選總部。任何候選人決定參選之後，首要的工作就是成立競選總部，網羅理念契合者共同打選戰，候選人必須能夠整合與調度眾多資源，籌募足夠的政治獻金，以因應選戰各項開支。競選總部的核心通常包括候選人本身、一位忠實能幹的競選總幹事，以及一位

精通選戰策劃的總軍師。

第二，策略幕僚。成立競選總部之後，隨之而來的就是設計選戰策略，透過民意調查專家、政策顧問、選戰專家以及競選智囊團的協助，搜集選舉情報，評估候選人在各選區的勝算、處境、定位、優劣勢。在此基礎上，擬定作戰方案，包括宣傳計畫、動員計畫。一旦發生意外狀況，也必須立即進行危機處理，控制損害程度，以免不慎失去原本應有的選票而落敗。

第三，業務執行與作戰團隊。競選是一種獲取選票的事務，獲得選民的選票支持並奪得選舉勝利是最終目標。要獲得選民的選票支持，必須瞭解選民的投票行為規律，並針對選民需求為選民提供相應的候選人特性及其政治主張，令選民瞭解此種政治商品並受吸引而投票。為此必須廣泛運用社會資源，調動各選區可以運用的人力、人脈、財力、競選傳媒和資訊傳播通路，有系統地建立動員部隊、催票部隊、投票部隊，搭配宣傳品之散發以及傳播通路之運用。同時當然也須留意對手在同一選區所使用的競選策略與競選傳播工具，全力打造一個傳播快捷、消息靈通、反應迅速的競選傳播體系，從而打開知名度、贏得支持度。

第四，地方人脈與組織關係。競選的一切最終都會落實到每一個選區和每一個投票選民。為此，必須根據選民政治傾向鎖定重點目標，除了傳統的掃街拜票方式來拉近與選民的距離，在資訊流通快速的今天，注意輿論、隨機應變也非常重要，觀察對手的動作與選民的反應，隨時準備提出反制或攻擊對手，並根據處境適時調整競選策略方向，讓支持者感受熱情，最好能夠進一步爭取中間選民加入我方，甚至策動對手鐵票陣前倒戈。

不難看出，在選戰中的政治行銷包括許多不同領域的專業項目，每一項都需要熟悉選務的專家協助，而要統籌這一切的總體選戰絕不是非專業人士所能夠掌控。這也是何以近年來越來越多候選人除了聘

請各行各業的高手相助之外，也開始禮聘專業的政治公關公司或相關
顧問業務公司，由熟悉政治行銷的專業團隊來將有限的資源發揮最大
效益。以下依序分析說明選戰政治行銷的組織。

一、競選總部

競選總部是選戰過程中的樞紐，是發號施令的作戰司令部與參
謀總部。透過競選總部的組織系統，把命令傳達到每一活動所在，並
確保依照計畫構想去推行而無違背，萬一無法執行時也要在最短時間
內將障礙加以排除。候選人是選戰政治行銷的主角，所有選戰策略與
活動的安排都以候選人為依據。候選人需要盡可能參與整個過程，要
瞭解策略是如何擬定、活動如何安排與進行、整個選戰進行的程度、
敵我情勢的掌握與評估，最重要的是要瞭解自己在一切行銷計畫中所
扮演的角色。有些候選人或許因缺乏經驗，或者是抗壓性不夠，面對
大量龐雜的選戰事務變得毫無主見，被各方意見打亂了步調，誰說哪
些地方有票源要拜訪，就往那邊跑，最後弄得自己每天疲憊不堪，結
果也事倍功半。由於政治行銷的複雜度，在競選總部經常需要召開會
議，一同討論選戰事務，規劃一系列策略和行動計畫，所有新聞稿、
對外發言稿、接受採訪的談話等等，都必須經過協商統一口徑。競選
總部負責統籌整個選戰的組織、規劃、指揮、協調，以及危機處理等事
務，所有一線競選事務的指令都由此發出，所有的資訊都回饋至此，整
體選戰團隊的事務才能有條不紊，避免資源浪費，將效益極大化。

二、策略幕僚

政治行銷是真刀真槍的實戰，任何一個幕僚都必須具備獨特的
專業能力來應對層出不窮的挑戰，如果功夫不夠，不僅可能在團隊中

找不到位置，更糟的是減低團隊的戰鬥力。策略幕僚的人數多寡依照競選的需要來決定，不須盲目增加人數，以免提高競選成本。一般來說，根據助選團隊所必須履行的功能，策略幕僚包括下列功能（趙可金、孫鴻，2008）：

(一)研究與民調分析

民意如流水，民調如探針。民調功能是選戰中不可缺少的環節，民調機構披露的民意數據，對於候選人瞭解自己的潛在支持率，選擇競選搭檔，構思政治綱領，確定選戰定位以及調整競選戰略和策略都具有十分重要的導向作用。柯林頓被認為是美國有史以來使用民意調查最為頻繁的國家元首，柯林頓在競選期間以及當選後都把民意調查作為制定政策的主軸，許多重要的政見都是參考民意調查數據的結果。

為此，在策略幕僚中不可缺少民調研究和分析專家，對民意的流向做出準確的估計和預測。策略幕僚構建民調分析未必親自進行，可以委託權威的民調公司代理民調事務，定期提供民調數據資料。策略幕僚的工作是謹慎解讀與分析這些數據，作為擬定與調整策略的參考。

(二)傳播與媒體公關

選戰是一種推銷候選人的戰役，吸引媒體關注和說服選民是選戰勝利的關鍵。為此，除了政治候選人直接接觸選民之外，借助各種類型的媒體，透過抓住新聞點、製作政治廣告、開展公關活動等方式，向廣大選民推銷候選人是十分重要的管道，也是選戰中的政治行銷不可忽視的一面。

傳播與媒體公關是候選人與廣大選民聯結交流的橋樑。其中通常包括一位經驗豐富、社會人脈關係寬廣的專家來全權負責傳播公關一切事務，負責與媒體、利益相關集團、地方派系等各方面的聯絡事

務，爲候選人建立起良好的媒體關係；以及一位形象良好、臨場反應快捷、頭腦靈活且具有長期媒體從業經驗的公眾人物出任發言人，負責向媒體和社會各界釋出重要資訊。負責傳播與媒體公關的幕僚通常熟悉政治生態，能夠針對任何偶發事件向新聞界提出有利於己方的解釋，負責選戰過程中一切傳播媒體材料的設計與開發。

媒體公關幕僚在選擇傳播媒體的時候，必須針對選民特質，考慮媒體的特性以達到宣傳效益，究竟是該使用主流平面媒體、有線或無線電視、廣播媒體，或者新興網路媒體等。不同的群體往往接觸不同媒體，隨著網路普及化，利用新興媒體的政治行銷也成爲重要手段，如手機簡訊、e-mail、部落格、影音短片、社群網站等，聘請這些領域的傳播高手加入競選幕僚團隊的情形也日益增加。

三、業務執行與作戰團隊

任何競選策略都必須落實，在實踐中得到驗證，一流的策略謀劃，如果缺少了一流的執行，照樣是空中樓閣。由於選戰政治行銷一線工作的分工很細，往往需要將競選策略轉化爲一個個議題與活動，透過團隊作業和項目運作，將工作責任落實到每一個人。作戰團隊幾乎涵蓋了選務的所有面向，像是籌款、電話接聽、網站開發、選情資料庫管理、候選人形象設計、街頭拉票、電話催票、造勢活動等等。當然，候選人不可能親自管理每一項事務，通常是透過分層負責，組成一個個專案小組，最後在開票的那一刻，總體作戰的成果才呈現出來。

四、地方人脈與組織關係

選舉與選區密切相關，任何選戰造勢活動最終要落實到每一個選區的投票結果。一旦分別去考察每一個選區的選情，選區內的地方

性因素和結構性因素的重要性就突顯出來。越是小區域、地方性的選舉，在地力量對選舉結果的影響就越大。因此，幾乎所有的選戰都十分重視地方派系力量。在地的組織戰不同於全國範圍的造勢，選區重視的是緊密結合選區選民的現實利益和偏好，充分表達選民提出的實際利益要求。由於地方的政治生態十分複雜，社會人脈利益關係縱橫交錯，運用得宜的話，行銷事半功倍；一旦處理不當，可能導致選情發生嚴重後果。為此，在選區的造勢活動儘量要依託現有的政治勢力，平衡各方的利益關係，將全國性的競選大方向和不同地方選區的複雜政治生態加以結合，若是能將選戰事務委託給地方政治基礎負責，效果更佳。

第二節　選戰政治行銷的策略規劃

　　面對遼闊的選區和複雜難測的選民，候選人要想脫穎而出，就必須擬定一套有效的選戰規劃，形成說服選民的全方位、立體化、多向度視聽轟炸，以爭取選票獲得選戰勝利。選戰規劃過程是一個相當漫長且複雜的互動過程，從民調數據分析、競選主題的確定、籌集競選經費、網羅選戰人才、選擇傳播通路，一直到組織選戰造勢、展開競選肉搏、發動選區挖票等，每一項任務都需要在選前納入整體的選戰規劃方案，從這一意義上可以說，選戰的政治行銷規劃是通向勝利的路線圖和整個選戰活動的起點，一切事務都必須在政治行銷規劃中加以妥善籌劃和安排。

　　設計政治行銷計畫是選戰主管和選戰總軍師的主要任務，透過政治行銷計畫，可以將千頭萬緒的選戰安排得井井有條。在政治行銷中，會借助市場行銷的DSP模型來進行政治行銷規劃。所謂DSP是指政治候選人在構思其選戰前，必須從自身的差異性（differential）

出發，找出自己的市場區隔（segmentation），確定自己的政治定位（positioning），據此擬定競選活動的政治行銷策略。

候選人必須先分析自己所面對的政治競選環境，確定自己與競爭對手的特質。不論內在或是外在的因素，都應詳加考慮。所謂的內在因素即指候選人本身及組織的本質。在競選之前，候選人必須決定自己的目標。候選人也必須切實地估計自己所擁有的資源與個人及競選團隊的優勢與弱點。而所謂的外在因素，則包括了候選人的競爭者、選民，以及其他所有可能影響政局的因素。在決定行銷策略之前，必須對選情有全盤的深入瞭解，如競爭對手是誰（或可能是誰）、其所採取的選戰策略是什麼，以及選民會如何反應等等。其次，候選人需要分析選民的市場區隔，將廣大選民依據區域、人文、階層等特定區隔標準放在政治取向的特定板塊中，尤其是立足選區劃分，對登記選民及其政治行為規律進行深入細緻的分析，並透過民意調查等工具將選民分門別類整理。再次，結合候選人特質與選民區隔分析，確定政治候選人的基本政治定位，鎖定最佳市場缺口及其潛在的票源作為選舉行銷的重點對象。最後，根據上述分析，得出競選活動的具體選戰行銷策略，諸如人際傳播、廣告傳播、媒體公關傳播等等策略。尤其是不同的群體的政治動機及其消費規律不同，在選戰策略搭配上必須靈活處理。比如知識分子往往追求法治和社會正義，年長選民比較注重社會倫理，男性注重理性選擇，女性注重感性傾向，高收入的社會階層追求維持現狀，低收入的社會階層偏向社會變革等等。競選期間的策略搭配必須隨著宗教、收入水準、生活習俗、不同地區等因素進行適時調整，方能發揮最佳的選戰行銷效果。

事實上，選戰的政治行銷規劃主要任務是候選人如何定位在選戰中的地位，盡可能擴大己方優勢而減少自己的不足之處。誠然任何戰場上都不可能存在常勝將軍，也不可能存在放諸四海皆準的策略，必須針對實際狀況進行具體分析；不過策略規劃的基本架構是相通的，

任何選戰中的政治行銷規劃都需要考慮下列幾個重點：

一、設計候選人的特色

　　選戰策略指集中自己的優勢力量打擊對手最薄弱的環節。在選戰中，一般透過二分法來確立自己的策略優勢，以及釋出與競爭對手明顯區分開來的資訊來塑造自己的政治定位。一個候選人的相關資訊包括個人經歷、意識型態和政治價值觀差異（比如自由主義還是保守主義、溫和還是極端、連貫的還是不連貫的、實用主義還是理想主義等）以及一些情境因素（比如主張維持現狀還是力主政治變革）等。選民在決定支持哪位候選人時，通常會以本身對候選人的瞭解，以及候選人所代表的形象來作判斷。所以，候選人當然必須非常重視自己在選民心中的形象。

　　候選人可以把自己假設成某種符合目標群體需求與期待的新商品。塑造政治形象的關鍵在於候選人概念。所謂的候選人概念，就是候選人用來促使選民支持自己的訴求。為爭取選票，會運用各種方式，根據各種理由向選民訴求。政治候選人可選擇特定的概念，表達個人的領導模式、意識型態，或表明個人所屬的黨派等。在競選活動過程中，候選人概念效用的極致發揮，展現在以選民興趣為訴求的中心主題上，以及在整個競選活動的過程中。

　　候選人概念所反映出來的是候選人對於選民應支持自己的一種思考方式，對於候選人所採用的訴求主題、所加入的黨派，以及所吸引的選民團體，也都有一種定位的作用。而在決定採用何種候選人概念時，必須以自己長遠的生涯計畫作考慮的基礎。這種說法主要基於以下兩個論點。首先，選民會記得候選人在每個選舉中所提出的訴求，任意改變自己定位與形象的候選人，一定會失去選民對他們的信任。其次，一個候選人必須選擇一個符合自己背景與政治理念的候選人概

念，因為必須與自己所選擇的角色共存，避免不符個人特點的角色。

二、設計釋出訊息的重點

在選戰期間，資訊在多數情況下都是過剩的，幾乎每一個參與競選遊戲的候選人都會製造一波又一波的訊息浪潮。然而，對於選民來說，重要的不是獲得了多少訊息量，而是哪些訊息更能給自己留下深刻的印象。為此，候選人往往對有利於自己的訊息採取積極肯定的方式釋放，而對不利於自己的訊息採取否定負面的方式釋放，善於使用生動形象和比喻方式，增強人們的差別意識。通常的做法是以幽默詼諧的方式取笑對方，賦予對方以喜劇化的形象。

在1996年柯林頓競選美國總統期間，曾採納選戰顧問建議的「金錶策略」，柯林頓刻意公開以個人身分肯定當時的對手多爾參議員在國會任內的表現，不過此種刻意讚美對手的做法實際上是暗示選民：多爾服務夠久了，送他一隻金錶，回家養老吧！此策略表面上強化多爾「年老退休的傑出參議員」形象，實際上是向選民推銷柯林頓的年輕和活力。

三、安排競選日程和資源

對選戰來說，安排日程的時間表策略是最為困難的決定。相同預算如何在不同時間點做出最適宜的分配，或者是不同的時間是否應有不同的廣告表現，不同時間點是否應該選擇不同的媒體，以及要間隔多久向消費者再次暴露，廣告才能獲得最佳的回憶率和最少的遺忘率等，都是時間表策略必須思考的問題。畢竟競選資源是有限的，如果毫無目標地盲目拋售資源，反而徒勞無功。特別是當競爭對手迅速投放資源，掀起選戰高潮的時候，你將如何應對？你的競選資源投放重

點是前期、中期，還是後期？諸如此類的問題困擾著每一個參選者。從競選實戰考量，通常的做法是採取U形安排，即在宣布參加競選初期，迅速掀起一個競選傳播高潮，打開知名度，建立可信度，凸顯適任度；隨後，在知名度達到一定程度後，可以減少傳播活動，處於累積資源和蓄勢待發的階段，觀望風向，伺機再戰；當選戰進入最後關頭，對方破綻已經暴露無遺的時候，迅速掀起競選傳播的新高潮，一鼓作氣拿下選戰。這一策略對於選舉往往十分有效。當然，由於是一個兩軍對壘的競賽遊戲，故而安排日程還要看對方的變化，必須隨機應變，靈活安排，而且在職者和新參加者、知名度高的候選人和知名度低的候選人在時間表策略上也存在差別。

四、鎖定目標對象

　　從影響選民的方式來說，所有的競選活動都只有兩種活動：勸說選民投票支持，或是組織動員那些早已決定支持你的選民參加投票。前者往往是還沒有確定把選票投給誰的游離票，後者則是已經決定支持特定候選人的鐵票群體。換言之，動員鐵票出門投票，勸說游離選票投己方的票，以及離間對手鐵票群體放棄投票甚至陣前倒戈，是選戰政治行銷要解決的核心問題。選舉獲勝的關鍵之一正是精確掌握目標群眾。在一場選戰中，要明確自己的選民基礎是什麼。更確切一點說，什麼地方的選民能夠讓候選人獲勝，候選人就應該出現在什麼地方；哪些選民是能夠有把握說服、且對選舉勝利重要的，候選人就應該把較多的時間、精力和資源配置在此，將其鎖定為政治行銷的主要目標。不過究竟選擇哪些群體作為政治行銷的主要目標，是必須優先解決的問題。
　　一般來說，鎖定目標是根據三個標準來確定：

1.該選區的選票規模，選票的數額對於選戰全局影響甚為關鍵，一旦失去就會造成舉足輕重的影響。

2.該選區是否為「漂移不定的選區」（toss-up），選區選民不是某某候選人的鐵票倉，選戰雙方都沒有把握能夠獲得勝利，游離票在選票總數中占多數。

3.該選區的選民政治參與程度較高，或者經過政治行銷後對投票率有影響。

只要符合上述標準的選區，就應該被鎖定為選戰政治行銷的關鍵區，不管採取何種方式、付出多大代價，都要力爭勝利。

對於大多數選戰團隊來說，時間、金錢和志願者等資源都是有限的，需要確保一旦選舉機器發動，這些資源能夠用於最關鍵的戰役中，尤其是那些直接接觸選民的資源，比如廣告信函、電話拉票、敲門行動、造勢活動、催票部隊等，確保這些資源將正確的資訊傳達到合適的選民那裡。一般而言，候選人在選戰期間最常親自出現、親身自我行銷最多的地區，正是被鎖定為關鍵選區的地區，也是投放政治行銷資源最多的地區。

五、選擇恰當的傳播策略

在選戰政治行銷規劃中，候選人要在有限的資源、時間、空間條件約束下，將媒體作適當的搭配選擇，以發揮最佳的傳播效果。從傳播方式來看，政治行銷可以運用的媒介包括廣告、新聞事件、公關活動、人際傳播等方式。一般來說，大眾媒體（如報紙、廣播、電視）可以接觸大量選民，尤其是電視媒體，集聲光畫面於一體，更容易塑造候選人的公眾魅力形象。但是大眾媒體的費用一般而言非常高，對於籌款能力有限的候選人來說有其困難。再加上目前視聽大眾的閱聽

習慣日趨零散，將大筆經費投注在主流大眾媒體，必須謹慎計算其傳播效益。相對而言，小眾媒體與新興媒體因爲其經濟實惠、生動靈活，開始成爲財力有限候選人的最愛。

在選戰的傳播方面，一句琅琅上口、通俗易懂的口號，最容易深入人心，也能吸引更多選民的認同和好感，可以說是選戰之中政治行銷的首要任務，也是決定選戰勝利的重要因素。選定口號與策略主軸，透過大眾媒體、小眾媒體、網路媒體、公關促銷和人際傳播等手段把關於候選人的資訊及時、準確、有效地傳送給選民，增強已經傾向己方選民的信心，催化游離票和中間選民的支持度，弱化對手鐵票選民的意志，這些都是透過政治行銷的傳播手段可以達成的效果。

六、控制經費與預算

選戰必須從實際面出發，量力而爲，整場選戰的經費與預算善加規劃政治行銷，也是影響勝選的關鍵之一。從選戰需要來看，選戰預算包括兩個組成部分：一是根據選戰活動的類別來確定經費開銷；二是按照時間段來分配經費，在不同的時間節點上確定預算規模。

首先，選戰的全盤規劃要有一個總預算，務實的估計能夠籌募多少經費，準備拿出多少款項用於政治行銷。其次，要圍繞著選戰的主要政治行銷活動分配預算，確保既定的活動得到足額的經費供應，其他的次要活動不要列支。另外，制定選戰預算要有儲備，確保選戰的一切開支得到足額的經費供應，尤其是要拿出一定數額作爲最後的預備經費，確保不要因爲預算安排失誤導致關鍵時刻因資金匱乏而兵敗。

第三節　選戰政治行銷的危機處理

選戰過程中隨時可能面臨各種危機，有時是來自對手的攻擊，有時是己方過失所致，有時則二者皆非，而是發生預料之外的重大事件，不得不立即因應；無論如何，在選戰中，危機處理是否得宜，可以是政治行銷成敗的關鍵。一次危機處理不當，可能會使之前苦心經營的政治行銷規劃全然付諸東流，因此除了組織、策略、媒體需要專業規劃，具備防禦性質的危機管理的重要當然是不在話下。

一、危機預防

最上乘的危機處理是避免危機發生。政黨或候選人在選戰開始之先，就全面篩選檢討自己可能被攻擊的地方，做好防禦，包括以前政見承諾實踐情形、私生活、派系關係、司法事件、財務狀況等等，分類整理成危機管理的基本檔案，根據己方所擁有的資源、優劣勢等來擬定因應方案。如果可能的話，可以先就一些對手比較可能會使出的攻擊打預防針，讓對手縱使想出招也無可使力之處。若是先準備好資料，也可以在危機一發生，就在最短時間內拿出有利證據來證明自己的清白，讓選民相信你的無辜，使得危機尚未擴大就消弭於無形，甚至可能反告對手毀謗，回馬一槍，使之陷入不利的局面。應注意的是，危機管理的大原則要與選戰的整體政治行銷規劃相符合，避免發生因應危機時所言所行與整體政治行銷大方向相悖的情形，那樣反而會造成減分；由於選戰進行步調非常快，為避免星火燎原，最好事先就潛在的危機詳加考慮、多多準備。

二、危機管理

　　議題管理可以說是選戰危機處理的前置作業，是處理潛在危機的重要工具。由於議題可能包括範圍十分廣泛，首先要先加以分類，可依時效性區分處理的先後次序，或依議題性質作類別區分，如民生經濟層面、社會層面、政治層面、文化價值層面及地方公共事務等，與候選人形象與政見主張結合。其次要分析議題的相關影響力量，有哪些支持或反對的團體或專家、其各自主張與背後涉及利害關係如何，以及此議題對候選人本身可能有的正負面影響，從而擬定針對該議題應在最短時間內對哪些分眾進行溝通。為展開有效的分眾溝通，在事先就應先建立好聯繫網絡，確認能在最短時間內必定可聯繫上的方式（如手機、室內電話或傳眞等），並預擬溝通要點。

　　危機溝通是整體政治行銷的一個環節，一般來說可預期會有媒體採訪，把握此機會向閱聽大眾傳播訊息，收效甚宏，一旦反應不得宜破壞力當然也極大。候選人可以視議題來強調其具體公共事務與政策主張，將之和選民的利益連結來打動選民，也可以採取感性訴求，爭取選民的同情與支持。溝通的重點要傳達給選民什麼訊息、要採保守姿態或強勢反擊，這些都需要在前置作業之中事先設想周全。

三、危機因應

　　選戰中一旦發生危機，首先在候選人主導下成立危機管理決策小組，小組成員人數不需太多，主要包括競選總部重要主管以及相關外部顧問，其下設置執行小組，執行決策小組所擬定的危機管理計畫。當危機發生，要依據實際情況修正之前預想的危機型態、因應方案，決策小組內部溝通、完成調整後立即依規劃展開執行。

　　除了在前置作業中準備好的相關資料與證據須在最短時間內提出，若是有尚須補強的資料證據，應視實際情況立即尋找蒐集。同時聯繫媒體和利益相關團體，透過發言系統傳達訊息重點，並展開媒體監控，整理各方反應彙整後回報決策小組，隨時視情況修正因應方案。若有採取法律訴訟的必要，無論是爲了捍衛自身權益或僅是爲了壯大聲勢的策略手段，更要注意蒐證齊全，以強化己方正當性與合理性。

四、流程建議

　　因應選戰中發生的危機，以下是建議原則：

1. 危機管理前置作業。
2. 危機通報（啓動危機因應系統，限時回報聯繫）。
3. 依危機管理計畫，確認相關人員處理權限與因應原則，完成行動準備。
4. 確認與蒐集事件資料證據。
5. 確認與聯繫內外溝通系統，包括媒體與／或利害相關團體。
6. 確認溝通訊息與因應方案，包括訊息重點、傳播管道、任務分工、雙方資源與優劣勢、輿論風向、行動、工具、預期效果、緩衝手段、替代方案與時間表等等。
7. 確認行政支援系統，包括通訊、飲食、接待、交通、記錄過程的周延布置。
8. 備妥發言稿，可設定發言人定期（時）主動說明，並設置接待媒體窗口。以主動說明（包括壞消息）滿足及說服相關媒體取得信任，保持冷靜，避免爭辯。
9. 啓動新聞監控，記錄事件整體過程，作後續評估、管理。

10.隨時因應危機發展過程來調整因應策略。

　　選戰中的危機可以說是對於候選人危機處理能力的檢測，候選人本身的個性、態度和溝通技巧都會影響到危機處理的成效。只要候選人積極主動去思考規劃危機管理，百分之九十以上的危機幾乎都是可以預防的；就算不幸發生難以預測的百分之十，在既有建立的周延健全規劃機制下，相對而言較容易化危機爲轉機，而不致於手足無措。候選人務須切記，透過現代大眾傳播媒體的放大檢視，再加上網際網路的傳播流布，因應危機的表現比過去更會被放大檢視、甚至不斷前後對照，而無形間引發更多選民的支持或反感；這也就是爲什麼危機因應策略必須與整體政治行銷相符的重要原因。

 # 第四節　案例分析：2012總統大選的政治行銷

　　選情激烈的中華民國第十三任總統、副總統選舉，於2012年（民國101年）1月14日舉行。這是我國第五次總統、副總統公民直選，共有三組候選人，依號次排序分別爲：民主進步黨推薦提名的蔡英文與蘇嘉全、中國國民黨推薦提名的馬英九與吳敦義，以及親民黨提名但以聯署方式登記參選的宋楚瑜與林瑞雄。開票結果，馬英九、吳敦義以6,891,139票勝出，當選中華民國第十三任總統、副總統，得票率51.6024%；蔡英文、蘇嘉全獲得6,093,578票次之，得票率45.6301%；宋楚瑜、林瑞雄則以369,588票居末，得票率2.7676%。

　　本次選戰，主打「黃金十年」、「兩岸和平協議」的馬英九總統成功連任，以約八十萬票的差距擊敗高舉「十年政綱」、「公平正義」的主要對手民進黨候選人蔡英文，及大勝疾呼「棄藍綠、選賢能」的親民黨候選人宋楚瑜。回顧此次大選，藍綠橘三大陣營在競選

期間採取了相當不同的政治行銷策略，本節將就三組候選人的優劣勢
與政治行銷策略分別進行分析。

一、蔡英文之政治行銷策略

生於1956年的蔡英文為屏東縣枋山鄉楓港人，父親是客家人，母
親是閩南人，祖母是排灣族原住民。從候選人本身學經歷來看，蔡英
文為台大法律系畢業，在英國倫敦政治經濟學院取得法學博士，返國
後於李登輝總統任內開始參與國際經貿及兩岸四地相關法律政策，在
2000年民主進步黨執政後出任行政院大陸委員會主任委員，於2004年
正式加入民主進步黨，同年當選成為全國不分區立法委員。2006年，
蔡英文受任行政院副院長，2008年5月20日起擔任民主進步黨主席，成
為台灣主要政黨中第一位女性黨主席。2011年4月27日，民進黨宣布蔡
英文於民調初選勝出，為2012年的民主進步黨總統參選人，也成為中
華民國史上首位女性、且兼具客家與台灣原住民血統的總統候選人。
蔡英文以民進黨主席的身分領導制訂「十年政綱」，並作為其競選總
統的政見，並提出「台灣共識」、「聯合政府」等主張。

(一)候選人優劣勢分析

作為第一位競爭總統大位的女性候選人，在許多方面蔡英文的優
秀是無庸置疑的；然而很弔詭的是，許多顯而易見的優勢同時也是蔡
英文的劣勢。以年齡而論，蔡英文是三位總統候選人中最年輕的一位
——她是家世好、學歷高的都會菁英，有著學者出身的清新形象，思
路清晰，人格特質理性、溫和、冷靜，加入民進黨的黨齡不長，沒有
民進黨傳統的草根性與悲情。遺憾的是，雖然近年來性別平等意識逐
漸成為社會主流，各行各業「女性撐起半邊天」的例子數見不鮮，性
別歧視已經不能像過去一樣肆無忌憚，一旦有人脫口而出，很快會遭

到輿論批評；但無可諱言，就算在公開場合能夠盡可能將歧視言論消音，根深蒂固的傳統父權意識型態並沒有那麼輕易就煙消雲散，這使得強打「台灣第一女總統」的蔡英文，實際上其「未婚女性」的形象可能並未加分。其次，蔡英文講道理、不煽情的風格，雖然並非沒有魅力，但也意味著必須找出與群眾的新互動方式，才能減低支持者的距離感。最後，不長的民進黨齡雖然讓蔡英文較沒有包袱，但也造成她與許多傳統的民進黨支持者之間連結不強；相較於其他候選人，蔡英文的行政歷練也較為不足。這些如同雙面刃般的優劣勢，使蔡英文成為一位「非典型」的政治人物與總統候選人，此一核心特色非常明顯地呈現在蔡英文陣營所規劃的各項政策行銷之中。

(二)政治行銷策略分析

◆彰顯「非典型」品牌特色

　　依據時程分析，蔡英文競選團隊在整體政治行銷的規劃分為三個階段。第一階段主要強化候選人的個人優勢，並讓「非典型」品牌特質更為鮮明，採用的方式包括以「Taiwan Next」、「現在決定未來」等競選標語來強調蔡英文的年輕特質，與年輕族群建立連結。視覺方面則選擇以箭頭為識別符號，表現簡明、俐落的現代感與未來感；在整體色調方面，跳脫民進黨傳統的綠色，減低中間選民一看到綠色就聯想起對政黨的刻板負面印象，而選擇桃紅色來強調蔡英文的女性特質，以及對照強烈的黃／黑色，表現活潑、非傳統、挑戰現狀的大膽與勇氣。選戰中不可或缺的小手冊、海報、宣傳單張等平面文宣與貼紙、旗幟等周邊均使用這些核心識別元素來設計。

　　為讓選民能夠深入認識蔡英文，蔡英文的口述自傳《從洋蔥炒蛋到小英便當》出版。在網路行銷部分，主要運用部落格、社群網站、微網誌等網路平台，串聯網友挺小英。在實體商品部分，開設「小英商號」出售潮T、毛巾、提袋、別針、貼紙、便當盒、環保隨行杯等

等，強調台灣製造，不像過去選舉場子典型的宣傳周邊一樣充滿濃濃政治味，反而像是時尚生活小物，這些商品簡單、清新、充滿設計感，與候選人本身的特質相符，彰顯其「非典型」品牌特色。

◆鞏固本土草根支持

隨著「十年政綱」推出，蔡英文競選團隊也將老農津貼、非自用住宅實價課稅等議題製作一系列廣告，設法將複雜、沉重的政策讓選民瞭解，並進一步將候選人心中的理想與擘劃的願景以具體的影音傳達給選民，告訴選民要如何打造這個國家，希望將選民心中對未來的期待與候選人聯繫起來。這些廣告大部分透過網路傳播，少部分在電視、廣播等主流媒體上播出。會在主流媒體上播出的廣告，通常除了彰顯候選人特質，會將重點放在能夠打動最多數選民的要素，例如一支「我是蔡英文，我是台灣人」的電視廣告，一方面形塑蔡英文在處理國際事務的專業能力，一方面也是連結台灣本土意識，穩定綠營選民的支持。

當選戰時程進入第二階段，蔡陣營強力行銷競選主軸「公平正義」，隨著選舉節奏逐步拋出議題，鎖定國內貧富差距擴大、房價高漲等問題，以及社會住宅、不動產分階段實價課稅等政策，都在不斷從各種方面強化主軸，凸顯目前實際處境的種種問題，並以此抨擊馬政府執政無能。第三階段是倒數時刻，以催票為重點，邀請重量級人物站台，重點亦在於凝聚、鞏固綠營基本支持者的力量。

◆故事行銷感性訴求

特別值得一提的是，引爆廣大綠營支持者熱情的並不是蔡英文陣營原先規劃的政治行銷策略，而是一個無心插柳的偶發事件。2011年11月初，監察院以「未成年人依法不得捐獻政治獻金」為由，針對民進黨支持者透過三胞胎小姐弟將三個「小豬撲滿」贈予蔡英文一事下令查辦，結果引發民間和輿論的嚴重反彈，監察院回應此動作僅

是「善意提醒」，但綠營將款項退還給小朋友，立刻反守為攻、因勢利導，開始反向宣傳「三隻小豬運動」，呼籲將小豬撲滿裝滿硬幣紙鈔，再拿回蔡英文競選總部捐獻。在原本的童話故事中，小豬代表著弱勢、憨厚、可愛、團結對抗邪惡，這個故事與事件一連結，不僅喚起支持者的同情與感動，也反諷「家大業大」的國民黨如同童話中的大野狼，活動非常成功，民眾爭相索取小豬撲滿，甚至供不應求。在結合故事與事件之後，蔡英文選戰從原本抽象高調的「公平正義」訴求，成為了溫暖具體的「公平正義，鋪滿台灣」，不僅使民進黨原已長期推動的小額募款掀起新熱潮，也帶動了蔡英文陣營的整體競選聲勢。雖然事件是偶然的，但「三隻小豬」大受歡迎證明了成功的故事行銷能夠打動人們的感性面，帶出更積極的行動。

二、馬英九之政治行銷策略分析

馬英九生於1950年，籍貫湖南湘潭縣，於香港出生後於1951年隨雙親移民台灣並定居於台北。從候選人本身學經歷來看，馬英九為台大法律系畢業，在美國哈佛大學取得法學博士，於1981年返回台灣，進入政府部門和國民黨中央工作，曾任法務部部長、陸委會副主任委員、研考會主任委員、台北市市長、國民黨第四任主席等職。2008年中華民國總統選舉時以國民黨籍候選人身分參選並當選，2009年7月26日在第六屆國民黨主席選舉中再次當選為黨主席。2012年中華民國總統選舉時馬英九邀請吳敦義擔任副手，提出「黃金十年」、「兩岸和平協議」等政見，競選連任成功。

(一)候選人優劣勢分析

作為現任總統，馬英九擁有多項極為明顯的優勢。首先，馬英九從政以來形象良好，清廉自愛、溫文儒雅的特質深受支持者認同，形

象可說是馬英九個人的最大政治資產。除此之外，馬英九口才流暢，表達能力甚佳，很容易拉近與選民的距離。從2008年上任以來，馬英九總統大力推動兩岸經濟關係，開放陸客來台，簽署兩岸經濟合作架構協議（ECFA），創造商機，帶動經濟成長，促進和平發展的情勢，這一大方向符合選民對於繁榮、安定、和平、發展的共同願望，安定牌與政績牌可說是支持馬英九總統連任的關鍵優勢。相對而言，在四年執政期間，無可避免會有一些不滿的聲音，例如競選承諾跳票、危機處理不佳、治國能力受質疑、施政令民眾「無感」等，成為在野黨批評與攻擊的重點，也是在規劃政治行銷時應設法加以彌補的弱點。

(二)政治行銷策略分析

◆善用圖騰凝聚認同

　　基於馬英九為現任國家元首，2012總統大選的競選期間又適逢中華民國建國百年，馬英九競選陣營選擇以國旗為核心，強調國民黨是中華民國的正統，藉此激起泛藍選民認同，強化以選票支持馬英九總統的向心力。特別的是，在規劃政治行銷時，國旗不僅作為傳統的國家圖騰，更加入新潮的流行元素以吸引年輕族群認同與喜愛。舉例而言，在一支以「搶救國旗」為主題的廣告中，以節奏輕快的音樂襯底，由一個年輕人追逐一面小國旗開始，在街景穿梭中，畫面帶入牆面上的次文化塗鴉、極限運動的滑板族與單車作為大量出現的文化符碼，最後以男孩與一位女孩因為國旗絲巾相遇作結尾，帶出slogan「熱愛國旗也可以是很浪漫的事情」。這支廣告明顯以青年族群為訴求，試圖扭轉「國旗＝中華民國＝教條八股」的刻板印象，頗具新意。

　　而另一方面，馬英九競選總部選擇以「台灣加油讚」為名，推出「台灣平安福」等多種融合本土文化元素的商品。「台灣平安福」外觀如同傳統平安符，由馬英九題字「台灣平安」，內含福卡一張，兩面分別寫上「平安」與「福氣」，除了傳達對「台灣平安」的祈

願外,更重要的是讓選民感受到安定的願望不分藍綠,進而將選民對平安的祈望與候選人連結起來,提醒選民馬英九總統能讓台灣走向平安、為台灣帶來福氣。

◆第一夫人真情催票

馬英九夫人周美青,與馬英九同樣擁有良好的形象。透過媒體報導,周美青以前上班愛搭公車、不化妝、不拿名牌包,穿著不奢華等等簡單樸素的生活,在社會大眾心中留下深刻印象,被暱稱為「酷酷嫂」。在馬英九當上總統以後周美青辭去原有工作,默默走向公益,贏得許多支持與好感。而馬周二人相依扶持的溫馨畫面,更是打動許多選民的心。當藍綠拉票白熱化,政府貪腐、族群對立、國家認同、經濟環保衝突這些「硬」議題辯得天昏地暗、飛沙走石時,單純因為喜愛、欣賞、認同「美青姊」而決定投馬英九一票的選民,也不在少數。

舉例而言,在馬陣營推出名為《美青姐的真性情‧家後篇》的廣告中,短短四十一秒,以馬英九和周美青年輕時的照片開場,配以台灣歌手江蕙創作的膾炙人口歌曲〈家後〉為背景音樂,播出周美青眾多鏡頭,包括她為馬英九助選等片段,表現這位人氣「酷酷嫂」的真情本色,全片僅一句對白,就是周美青在最後說:「謝謝大家支持!謝謝!」雖然作為候選人的馬英九本人在片中反而變成配角,此片大獲好評,確使得馬英九的正面形象更為強化,即使對執政黨施政有所不滿,也願意「疼惜周美青、票投馬英九」。

◆名人站台效應強大

當選戰進入後期最關鍵時刻,國民黨強打「九二共識」牌,許多大企業家公開表示支持馬英九總統,澈底發揮了名人站台的強大影響力,不僅鞏固了馬英九在政策論述上的陣腳,在講到兩岸和平時也能更加理直氣壯。企業家們表示馬英九總統執政期間已經證明他有能力

讓兩岸維持良好關係，為台灣的經濟爭取更多資源與發展空間，從而說服選民只有馬英九總統實現連任，台灣經濟才能獲得較佳發展。企業家在台灣社會相當受到尊敬，且由於企業與員工是命運共同體，企業的發展關係到員工與其家庭成員生活，企業家表態力挺，必然影響更多選民跟進支持馬英九。

三、宋楚瑜之政治行銷策略

宋楚瑜生於1942年，籍貫湖南湘潭縣，客家人，是本次總統大選中年紀最長的一位候選人。宋楚瑜為政治大學外交系畢業，赴美進修取得喬治城大學政治哲學博士，黨政經歷相當完備，曾任台灣建省以來唯一的民選省長，因此媒體習慣稱呼宋楚瑜為「宋省長」。1999年因執意參選總統被中國國民黨開除，2000年創立親民黨並擔任黨主席迄今。

(一)候選人優劣勢分析

在擔任省長期間，宋楚瑜以勤跑基層、勤政親民而聞名，即使相隔十餘年，對於宋楚瑜的閱歷、能力與手腕，不分藍綠幾乎皆給予肯定，可以說是宋楚瑜的優勢。在螢光幕前，宋楚瑜總是風度翩翩，充滿個人領導魅力，侃侃而談，說出一套言之有物的道理。在馬英九執政期間，宋獲得許多反馬、打馬群眾的認同，更加強他的參選決心與正當性。然而，雖說能力與經驗都獲得廣泛認同，親和力強，人脈雄厚，與其他兩位正當壯年的候選人相比，「年齡」顯然是宋楚瑜最大的弱點；其次，從2000年至今經過許多風風雨雨，「宋省長」的聲望畢竟也已不復當年；再加上根據過去選舉紀錄顯示，當藍綠對決的態勢緊繃時，第三勢力往往遭到邊緣化，當許多選民抱持著「喜歡宋楚瑜，但是他不會上，投給他等於浪費票」的想法，如何破解棄保，就

成為宋楚瑜最嚴苛的挑戰。

(二)政治行銷策略分析

◆藍綠放兩邊的第三選擇

宋楚瑜的競選主軸是「挺三中，顧民生；棄藍綠，選賢能」，所謂三中指的是中產階級、中小企業與中低收入戶。根據宋楚瑜，親民黨的兩岸政策競選主軸是「兩岸和平」、「民生發展」，也就是「台灣試點、大陸推廣、行銷世界」，兩岸需在「共同參與、透明程序、民意監督」的前提下，談及實質問題，達成共識，強調「兩岸合則兩利，兩利更能合」，希望彼此互補互利。換言之，宋楚瑜的主要策略，是盡可能吸引厭棄藍綠惡鬥的中間選民，將焦點集中在民生議題上，呼籲選民把藍綠放兩邊，在藍綠之間做第三種選擇。

◆將年齡轉為正面特質

宋楚瑜曾將三組總統、副總統參選人比喻為，少爺、小姐與老管家，向選民訴求「少爺、小姐不會管家，就讓有經驗的老宋和老林來管」，一個比喻，刻劃出兩種截然不同的形象：一方是經驗老道，另一方則是稚嫩生澀；宋楚瑜的年齡從而轉化為具有正面價值的資歷與經驗，提供給選民另一種選項。

◆重質不重量的接觸

由於預算有限，宋楚瑜競選採取非傳統路線，沒有車隊掃街，沒有動員，直到選前黃金週末，首場大型造勢晚會才在台南登場，北、中、南各辦一場。競選廣告也只有一支形象廣告。所有的選舉行程重質不重量，不動員，採小規模座談與支持者近距離互動。此方式也可以說是體現了宋楚瑜一貫的親民風格。

四、結語

　　除了上述三陣營各自不同的政治行銷策略，2012總統大選有一特色，即是大量使用網際網路，為爭取年輕族群認同，藍綠陣營皆銳意加強網路宣傳，甚至有「重網路輕電視」的趨勢。另一方面，這也與預算有關：拍攝宣傳影片放上網路，只要夠精彩、有趣、有吸引力，很快會有上萬支持者點閱、並主動協助散布，比起耗資不斐的傳統大眾媒體來說，網際網路顯然是個更經濟實惠的選擇。

　　蔡英文陣營拍攝多支宣傳廣告：包括由名廣告導演羅景壬所指導的《國家因你而偉大》，諷刺馬英九政府無能腐化；由民進黨主席蔡英文聲演的《許願‧2012我們一起實現》，鼓勵民眾參與、實現改變；由作家吳念真所指導的、讚頌女性優點的《女人當家》。這些短片都得到超過十萬的點擊率。

　　馬英九的宣傳總部「台灣加油讚」則除了「台灣讚妹團」發動美女宣傳影片攻勢外，還拍攝三套分別約七至十分鐘的微電影，分別是《國旗女孩》上、下集以及《愛情簽證篇》，平均有二十萬的收看人次。《國旗女孩》描述台灣男孩在異國偶遇海外長大的台灣女孩，兩人意外失散，女孩後來踏足台灣，在網友、青天白日滿地紅旗的引領下與男孩重聚。《愛情簽證篇》則以台灣導遊的愛情故事出發，呈現台灣獲逾百國免簽待遇後，年輕人生活的改變，也強調台灣始終是最好的家。兩套微電影以劇情說事，不同於傳統競選短片的沉悶與過度陳述，讓網友感覺新鮮，俊男美女的演員也甚具吸引力，有網友更表示「看了這部影片，讓我很想投票給馬英九」。另外，隨著智慧型手機、簡訊、視訊、社群網站的普遍化，手機應用程式（app）的政治行銷也蔚為風尚。蔡英文陣營推出Android和iPhone兩種版本的APP「小英ing」，有類似簡訊的「推播」功能，可以讓使用者即時收到蔡英文

辦公室發出的重要訊息，也有新聞、影音、政策等分類項目，若要電話捐款更可自動撥號。馬英九陣營則推出政績遊戲「台灣加油讚」，結合富饒趣味的大富翁遊戲，讓玩家在遊戲過程中輕鬆理解政府實施的各大政策，同時發現台灣近年來在國際上與各大專業領域的進步；遊戲內容從「施政成果」、「台灣之光」、「台灣加油讚」和「中華民國精彩一百」等四個部分切入，用包羅萬象的問答「讚出台灣實力」。

　　在網際網路的經營方面，親民黨起步較晚。親民黨的目標是藉著這一場大選，紮實地建立起屬於自己的網路通路，在總統大選後無論勝負，都能永續經營親民黨品牌。由此可見，雖然關於如何將網路上的支持轉化成一張張選票，目前尚未有一定論，但網路已成大勢所趨，未來必定會繼續在各類政治行銷中扮演重要角色。

第七章

公共政策與政治行銷

- 公部門與政治行銷
- 公共政策行銷模式
- 案例分析：H1N1防疫的政策行銷

摘要

本章的重點在於探討廣義的政治行銷，亦即將政治行銷的方法運用於公部門施政，或其他公共領域與社會領域。隨著市場經濟的發展與社會基礎的變化，政府為提升其治理效能，開始採納企業管理的一些方法，公部門亦開始運用政治行銷以期更好地推動公共政策。近年來公部門開始善用媒體與公共關係，結合宣傳與事件行銷，提升了政府機關或地方政府機關的形象，創造出城市或政府的特殊新風貌。隨著行政理念的革新、市場經濟發展和公民社會的發展，公部門、民間團體與非營利組織的運作都可能引入政治行銷來協助其工作推展。

第一節　公部門與政治行銷

在消費者社會的建立、以顧客需求為導向的新公共管理改革思潮下，企業管理常用的行銷學觀念，近年來廣受公部門所重視與採用；將行銷概念擴大應用至公部門後，所發展出的特殊理論與經驗的次學術領域，通稱為「政府行銷」或「公部門行銷」。所謂的政府行銷，指的是政府公部門引用行銷技術與概念來推展其服務與產品，其範疇包括了「政策行銷」：以行銷的方式來宣導推動公共政策或事務；「地方行銷」：以推廣地區及城市的經濟文化特色來增加競爭力基礎的活動；民間團體與非營利組織也開始採納此觀念，以行銷方式來推廣組織理念或者呼籲爭取權益。有關於行銷觀念運用至公部門的議題廣受討論，各政府機關亦紛紛摸索行銷技術的施行與應用；公部門開始善用媒體與公共關係，結合宣傳與事件行銷，大大的提升了政府機關或地方政府機關的形象，創造出城市或者是政府的特殊新風貌。

李－瑪仕蒙在政黨行銷研究的基礎上，首次提出政治行銷完全

可以擴大到其他政治領域，廣義地運用政治行銷。李—瑪仕蒙認為，行銷正在滲透到政治系統的所有領域，政治行銷理論不再限於狹義的選戰，而是能夠廣義使用；基於有越來越多民眾要求提高政府服務的品質，政府需要引入一種與傳統政治邏輯不同的思維，對自身進行改造，政治行銷就是其中之一。

　　早期公共行政的重點放在政府上，主要關心公共政策如何制定，在公共政策的落實上，公共行政除了執行政策，能夠發揮的空間有限。歐斯本與蓋伯勒（D. Osborne & T. Gaebler）在1992年出版《新政府運動：如何將企業精神轉換至公務部門》一書，提出了「企業型政府」，以及其如何運作或治理的十項原則，之後並進一步提出實行策略，目的在於希望能將官僚體系改變為富有創新精神的行政機構（Osborne & Gaebler, 1992；劉毓玲譯）。所謂企業型政府，並不是要將政府改造為企業的運作模式，而是指政府需要引入企業家在經營所追求的講效率、重質量、善待消費者和力求完美服務的精神，以及企業廣泛運用的科學管理方法，來改革和創新政府管理方式，使政府更有效率和活力，代替傳統的官僚主義模式。「企業型政府」此一理念的背景脈絡，來自於資訊科技技術的普及、全球化的速度加快、國家核心競爭力轉移、 政府權威日趨下降、工商企業成功再造經驗的傳播等因素，構成民間要求政府改革和發展的強大動力；官僚體制基於依法行政的精神，必須謹守法律，但面對飛速變化的世界局勢，往往發生過度僵化、力不從心等現象，政府職能擴張和規模膨脹所導致的財政、管理和信任危機，因此成為推進行政體制改革、建立企業型政府的直接動因。

　　羅伯特・丹哈特夫婦（Robert B. Denhardt與Janet V. Denhardt）於2000年在《公共行政評論》發表〈新公共服務：以服務代替導航〉一文，提出新公共服務理論，強調民主行政、市民社會的重要性，並於2003年出版《新公共服務：是服務而非導航》一書，對於以公共

利益爲規範基礎的公共行政之民主價值、公民資格以及服務等重新進行深刻探究。書中開章即指出「傾聽」民眾比「公告」大眾更重要，以「輔導」代替「領導」更具效能，強調公務員不僅要與民眾分享權力，共同解決問題，更需要重建其治理過程負責參與的角色。在多元化、流動、動態的公共事務下，如何在民主、社區、公共利益系統中建構市民參與及責任共承，是政府服務與輔導民眾的新公共服務應擔當的角色。新公共服務的理念將政府和民眾置於相互交流的地位，並把傾聽民眾放到重要地位，這對於政府確立行銷的理念是十分重要的。

另外值得注意的是，民主政治選舉也影響政府行銷。在取得執政權之前，政黨與政治人物爲了在選舉中獲得勝利而開始運用行銷方法，例如透過市場調查來分析選民要求，並將政治理念或候選人包裝爲政治產品，並藉由行銷傳播管道將資訊傳遞給選民，說服選民投票支持己方；當政黨或候選人贏得選戰，取得執政權力組織政府之後，可能繼續將政治行銷的概念帶入政府治理，一方面改善政府效能，另一方面良好的政績也能夠成爲下一次選戰的資本。從英國的工黨、德國的社民黨、美國的民主與共和兩黨等實踐來看，在成爲執政黨後並沒有完全放棄選戰期間的行銷團隊，往往把競選團隊的成員提名爲政府內閣的首長，或者安排成爲行政領導人的政治顧問，繼續扮演政策行銷策劃的角色。

關於政府行銷的涵義，目前在學術界還見仁見智，難有定論。有的強調政府行銷就是公共政策行銷，有的則認爲政府行銷是處理政府與大眾傳媒的關係等等。從政府行銷的本質來看，政府行銷可以說是現代政府權力運作的形象策略，著眼於塑造一個良好的政府形象，或者使施政推動獲得更多公眾支持。從政府行銷的內容來看，包括以下五個構成因素：一是政府行銷的目標是塑造政府正面形象，減少施政阻力。二是政府行銷的產品包括政府制度、政府官員與公共政策，

所有這一切都是公共產品，具有非競爭性和非排他性。三是政府行銷面對的市場包括公民個人、企業、非政府組織、大眾傳媒、公共輿論等。四是政府行銷的傳播管道包括政府直接公關、媒體傳播、委託行銷等。五是政府行銷評估的標準是政府的法治化水準、效率高低、責任程度和服務水準，歸根到底，衡量政府行銷的成效是看民眾對政府的滿意程度和支持程度。以下列舉幾位國內學者對於政府行銷／政治行銷的定義。

吳定認為政策行銷是指：「政府機關及人員採取有效的行銷策略與方法，促使內部執行人員及外部服務對象，對研議中或已形成之公共政策產生共識或共鳴的動態性過程，其目的在增加政策執行成功的機率、提高國家競爭力、達成為公眾謀福利的目標」（吳定，1998：5）。在其《公共政策》一書中，更將政策行銷區分為內部行銷及外部行銷；就「內部行銷」而言，機關首長應採各種方式，讓政策的內部執行人員建立共同「願景」而去做；就「外部行銷」而言，機關行銷團隊或人員應採適當行銷工具，透過多元參與、溝通、宣導等，爭取服務對象的支持並配合政策推動（吳定，2008：308）。

張世賢認為公共政策行銷（public policy marketing）是指公部門利用「行銷」的觀念與活動，促使公共政策獲得公眾的接受與支持（張世賢，2002：2）。公部門行銷活動要包括行銷進行過程中各種行動與策略，可依行銷架構之7P來進行，分別是：(1)民眾需求調查（probe）；(2)民眾需求偏好區隔（partition）；(3)確定行銷民眾之次序（prioritize）；(4)依據行銷對象釐訂行銷定位（position）；(5)承諾（promise）政策績效；(6)說服（persuade）民眾接受政策內容；(7)致力（power）促成行銷（Adocock, 2000: 152；轉引自張世賢，2002：16）。

翁興利則指出，政策的行銷大多數是服務或社會行為，並非是有形的產品，因此政策行銷具有特殊的性質，包括了消費者的不確定

155

性、標的團體的態度傾向不甚明顯、生產者的不確定性、行銷策略與行銷目標之間因果關係的不甚確定性、必須注意社會的可接受性，以及多為服務或社會行為而非有形產品等特質（翁興利，2004：211）。

綜合上述要素不難得出：政府行銷是指以社會公眾的需求為導向，運用行銷傳播手段，積極進行與公眾的資訊溝通和交流，以創造大眾對政府管理和服務品質滿意的過程，其最終目的是塑造良好的政府形象，並減少施政阻力。

趙可金、孫鴻認為與其他政治行銷形態相比，政府行銷具有幾項特徵（趙可金、孫鴻，2008：198-199）：

第一，政府行銷是「權力行銷」。相比政黨和政治候選人的政治行銷，政府行銷特殊之處在於政府擁有公權力。政府採取行銷作為一種手段或方法的時候，具有強大的合法強制力作為後盾，比起政黨和非政府組織往往擁有更多資源，居於優勢。

第二，政府行銷是「公共行銷」。無論是政黨行銷，還是政治遊說，都是追求個別、特定的利益，對消費者或支持者可以採取區隔方式，將較多資源投注到對於贏得勝利或者獲取利益更有幫助的目標對象上。政府行銷則基本上必須對公民一視同仁，因為所有行銷行為的資源都是來自納稅人，必須遵守平等原則，不能有歧視或差別待遇。

第三，政府行銷是「責任行銷」。政府對社會負責，經由選舉產生的民主政府，全民的利益是政府的重要責任。因此，政府行銷的一切作為都應以全民福祉為考量。

第四，政府行銷是「法治行銷」。儘管政府行銷具有公權力作為後盾，但政府的權力來自人民的授予，政府的行銷行為必須在現有法律和制度的框架內運行，依法行政，不能超越法律規定的界限。

政府行銷理念的提出具有十分重要的意義，為政府開展社會治理開拓了一個新的空間，亦即透過與廣大民眾開展深入細緻的交流，充分把握社會輿情和民意，把政府制度、行為和政策建立在堅實的民意

基礎上。同時，政府行銷對於政府職能的轉變和政府自身的轉型也具有重要推動作用，透過政府行銷理念的引入，傳統上由政府壟斷一切社會管理的密室政治格局被打破，提升政府管理的透明度，有利於突破政治／行政二元化以及政府／社會二元化的隔閡，解決由此引發的諸多矛盾，讓政府治理展現更多空間與生命力。

第二節　公共政策行銷模式

　　政府引進企業概念來進行公部門行政效率上的提升與革新，以提供更理想的公共服務，但政府與企業畢竟有諸多相異之處，在推動公共政策方面，究竟如何落實，是一個亟待探討的問題。相關探討的緣起可以回溯到更早，始於科特勒在1969年提出「行銷概念擴大化」之概念，認為行銷之觀念與工具之使用不應僅侷限於營利組織（profit organization），而應能擴大應用範圍，例如政府機構、國際組織、教會、學校、基金會等的非營利部門（non-profit organization），對於產品（product）的界定也更加擴大，產品的定義不再限於單純的商品與服務，而將非實體的觀念與想法提供也含括在內，科特勒的論點使得行銷概念的應用領域產生了重大影響，並引起行銷學界廣泛的討論（Kotler & Levy, 1969: 10-15）。科特勒在1971年所發表之〈社會行銷：通往社會變革的一個途徑〉（Social Marketing: An Approach to Planned Social Change）一文中，首次出現「社會行銷」（social marketing）一詞，並主張社會問題能藉由導入行銷的概念，以行銷之分析與策劃方式，藉由社會的改變進而控制社會問題（Kotler & Zaltman, 1971: 3）。第一本公部門行銷的專著《政府行銷：理論與實務》（*Government Marketing: Theory and Practice*）於1981年問世（Mokwa & Permut, 1981），象徵行銷概念擴大至公共部門與事務的

範疇。九〇年代政策行銷模式的建構紛紛被提出，1991年，史納弗利（Keith Snavely）以美國國稅局爲對象，將科特勒所建構的企業行銷觀念予以轉化和修正，建構出一個適用於政策研究的行銷模式（Snavely, 1991: 311-326）。行銷之概念擴大化解釋後，對於產品的定義、顧客與行銷工具的定義，亦隨之連帶轉變，不再拘泥於實體的產品，可延伸解釋透過行銷的手法，來達成政策、理念或組織目標之推廣。

一、政府行銷與商業行銷的差異

將行銷擴大應用於公部門事務，由於公部門與企業組織的性質不同，要將行銷的概念融入公共政策，必須深入探討政府行銷與商業行銷之差異性。學者將政府部門行銷之理論及相關研究問題加以系統性地建構，認爲政府行銷應提升理論與實務層次，能夠使政府行銷的相關內涵更爲豐富（Mokwa & Permut, 1981）。亦有從社會行銷觀點，提出利害關係人爲基礎的政策制定模式，並將社會行銷之策略融入政策發展過程之中（Altman & Petkus, 1994）。2002年，科特勒再提出社會行銷的新定義：應用行銷的原則與技術，影響目標對象願意接受、拒絕、修正或放棄某項行爲，進而達到促進個人、團體或社會整體福祉（Kotler, Roberto & Lee, 2002）。自此以後，很多國家紛紛將社會行銷之概念與技術應用到家庭計畫、能源保護、醫療保健、環境保護與公共健康等公共政策與議題上。概括而言，政府行銷與商業行銷最大的差異，在於商業行銷的對象是有自利動機的消費者，企圖影響的是經濟行爲；而政府的目的是在於透過行銷方式來推動公共政策，企圖影響的是非經濟行爲。一般而言，政府行銷與商業行銷的差異在於：

(一)行銷對象不同

商業行銷基本是透過對於目標消費者的瞭解來提供商品，做好市

場定位，做好市場區隔，再依據產品特性鎖定消費族群；而政府行銷無論是一般公部門想推動政策行銷，或地方政府想推動地方行銷，行銷對象的鎖定都相當不易，往往需要更細緻的目標族群分析，才能設想出更相應的行銷方式。舉例而言，推動反家庭暴力的政策，由於其屬於一種公共議題層級、具普及性的社會行銷，但訴求目的又有其特定性，並非對全民的概括宣導，必須將行銷對象區分為受暴者，以及一般大眾，才能精準地針對不同對象與活動形式傳達正確訊息，盡可能地透過各種通路，影響民眾對於公共議題觀念與行為的接受度，避免教條式的訊息傳遞。

(二)環境與組織不同

從行銷的觀點來看，政府行銷和商業行銷在生產者上也有很大差異。商業上行銷的生產者一般就是生產商品的廠商，但政府是一個複雜的整體，一個政策的推行往往涉及許多相關部門，可以說是牽一髮而動全身。舉例而言，主管健康醫療衛生政策的是衛生署，一項健康政策的推動有可能涉及國防部嗎？當然有可能！舉例來說，要將反菸政策推行到軍中，這就必須要衛生署與國防部的互相支援配合，方有可能成功。從這個小小例子可以瞭解到政府政策的整體性，並不是單一個別部門獨力苦幹，而是往往多個部門合力決行。而這也大大增加政府行銷的難度與挑戰性。

(三)效益不易確定

商業行銷從銷售率、銷售量等數據就可以清楚判斷行銷效益，但是政府行銷宗旨在於增進全民福祉，基於平等原則，不能夠獨惠於特定對象，特別是當差別待遇涉及社會政策領域，更需要考量手段與目的的合理性。在進行政府行銷評估時，往往由於影響的變數過多，難以確定行銷的成效如何，有多少人受到影響等等。

(四)並非有形產品

　　企業行銷的產品多爲具體的商品，而政府行銷要「促銷」的產品多是抽象的觀念或行爲，例如宣導某一項政策（例如關懷弱勢兒童）或者是推動某一種服務（例如施打疫苗），這些都與一般企業所欲行銷的商品差異甚遠。

　　由上可知，將行銷概念擴大化、以至推展到政府行銷，需要注意二者之間的差異性。在民主社會，已經不是一紙法律或行政命令、人民就非遵行不可，人民會要求政府提高效率、拿出理由來說服人民爲什麼要這麼做，否則以現代社會之多元化與複雜度，任何政策推行必定遭受多方阻力、困難重重，更需要適度採取行銷方法，將有助於政府與民眾之間的溝通，使政策在多數民眾的支持下更易落實。

二、公共政策行銷模式比較

　　作爲廣義的政治行銷，政策行銷在規劃與執行上有何特殊之處？關於此問題，國外公共行政學界發展出多種公共政策行銷之模式，包括史納弗利（Snavely, 1991: 311-325）、芭頓（Suzan Burton, 1999: 373-385）、柏瑪（Hans Buurma, 2001: 1287-1300）所提出之公共政策模式。以下整理三位國外學者之公共政策行銷模式，茲分述如下（張世賢，2005: 336-341）：

(一)史納弗利的公共政策行銷模式

　　4P的行銷組合經常被視爲行銷的主要內涵，也是組織應用行銷概念的表徵。由於政府機關與民間企業組織不同，因此，若要將行銷的概念融入公共政策中，必須考量其差異。史納弗利根據企業行銷模式中傳統4P模式加以修正，提出「公共政策行銷模式」（public policy marketing model）。

　　史納弗利的公共政策行銷模式是由幾個同心圓所構成，在圓環中心的部分，是代表著政策產品的顧客群，意味著服務顧客是此公共政策行銷模式的主要中心思想。政策顧客又可分為政策執行的標的人口，以及政策的規劃者（包括議員、民選首長與行政單位）。模式的第二圈，是描繪政策行銷的特殊行銷工具。為因應執行公共政策的特殊環境，史納弗利將傳統的4P行銷工具加以改變與增加：新增三個項目：人事（personnel）、合法權威（legal authority）、政策分析（policy analysis）；而傳統4P模式，則由「告知／教育」（informing/educating）取代促銷（promotion），服務（service）取代產品（product），成本（cost）取代價格（price）與通路（place）。因此，史納弗利的模型中，會影響公共政策的行銷工具，包含了人事、合法權威、政策分析、成本、服務、告知與教育等合計六項（Snavely, 1991: 320）。

　　史納弗利模式最外圈意指社會的環境面，必須要考慮有關當前政治、社會／文化、人口／經濟及技術／自然環境。其次，公共政策必須面對的對象是政府機關、一般大眾、壓力團體與選民（如圖7-1），因此，公共政策的行銷，所必須考量的包括了個人、合法權威、政策分析、成本、服務及資訊提供與教育等合計六項，並以服務消費者為中心思想，方能以此建構出完整的公共政策行銷模式。這樣的公共政策行銷模式得以順利執行的原因在於，政府對於民眾所實行相關公共政策之行銷，毋需經過類似私部門的市場交換機制，因此，這樣的公共政策行銷模式可以完全移植在公共組織或公共政策面上（Snavely, 1991: 323）。

　　關於史納弗利對傳統4P模式的新增與修正應如何理解？首先，史納弗利認為為了讓政府轉型為一個以服務消費者為導向的政府，組織內人員觀念的改變與能力之訓練極其重要，若沒有人事的觀念認知、轉變與執行，政策行銷不可能加以落實。因此「人事」被列為重要的

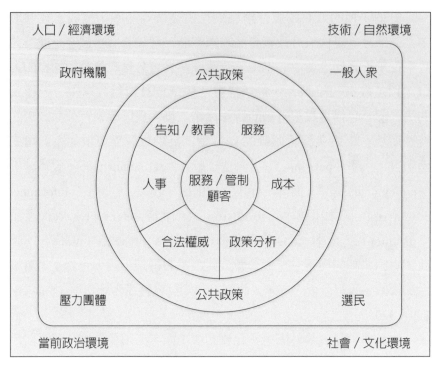

圖7-1 史納弗利之公共政策行銷模式圖

資料來源：Snavely, 1991: 320.

　　行銷工具。另外，公共政策因具強制性，不同於一般的企業行銷，亦不同於狹義的政治行銷——選舉，政府公部門具有上令下從的合法權威，在政策推行時，公權力的運用必須小心斟酌。否則政策行銷很容易被權威所掩蓋，減少其說服與溝通的性質。政策分析是一個很可靠的工具，幫助執政者訂定適切的公共政策，而更有利於政策行銷。

　　以告知／教育取代促銷，是因為在自由民主社會無法以僵化的政令宣導方式來說服民眾，但能夠提供民眾關乎切身議題的相關資訊，讓民眾自動自發加以配合。另外，由於政府並不具有營利性質，產出多屬於服務性質的無形產品，所以在政策行銷中價格的概念被成本與

通路所置換，這意指對於民眾而言，他購買此項服務／產品的價格成本，不僅付出政府所訂的規費，實際上還包括一般稅收、交通成本、個人成本與機會成本等等。

　　史納弗利的公共政策行銷模式，是首次以公共政策為主要架構所完成之公共部門的行銷模式，「若以公共政策為主要焦點，政府在此行銷模式中，可應以領導者的角色自居，才能發展完善的社會」。公共政策的提倡者或推動者，要以主動積極之態度去推動公共政策之行銷與執行，也呼應了史納弗利所提之相關論述。

(二)芭頓的政策行銷模式

　　芭頓在1999年時建立了一個以利害關係人（stakeholders）觀點出發的政策行銷模式，認為公部門應該依據不同利害關係人需求，來設計相應的策略，以達成政策目的；由於在公共管理中，利害關係人往往為數眾多，有些具有關鍵影響力，有些則是最直接受到影響的一方，對於不同的利害關係人加以分析，有助於建立更有效的行銷方案，而這就需要行銷工具來協助精準的分析。芭頓主要將之分為三個部分：利害關係人分析、確定服務策略，以及影響利害關係人的策略（Burton, 1999）：

◆利害關係人分析

　　在利害關係人的分析中，應包括對於各個不同利害關係人的評估，站在其立場去分析需求與其利害得失，然後找出關鍵團體，針對關鍵團體設計相應的策略，而這也會成為整個行銷的主軸。舉例來說，對於「宣導愛滋病防治」這項政策，需要溝通的除了可能罹患愛滋病的高危險群，也包括愛滋病患者、家屬、愛滋病支持團體與相關非營利組織、公私立醫療單位、大眾傳播媒體甚至立法院（如果涉及預算刪核的話），每一個需求都不同，必須針對要溝通的重點來個別設計策略。

◆確定服務策略

服務策略的確定是基於利害關係人的分析而來。早期學說認為在眾多的服務策略替選方案中，應該會以「對社會有最大貢獻者」為選擇。在現實的環境中，那些具有關鍵影響力的利害關係人往往能阻礙對社會最有利之行動方案的實行。

◆影響利害關係人的策略

促銷的角色在公部門中常被低估，公部門的管理者很少如同私部門一般去廣告或推銷自己的產品或服務，然而促銷卻是對公部門來說尤其重要。例如機關首長可能會想要推動一項不受歡迎的政策，此時行銷者必須去找出行動方案不受歡迎的原因，進而在規劃出改變人民看法意見的策略，這種影響性策略將依據政策的關鍵訴求，改變標的人口的認知以及行為三個要素來設計。

從政治行銷的觀點來看，以政策利害關係人的角度去檢視公共政策，有著整合多元觀點的意義。當政府規劃一項公共政策，為了讓政策推動更為順利，可以客觀的尋求利害關係人的意見，包括當事人觀點、專家學者的學術觀點、意見領袖的觀點、一般大眾的社會觀點等等，再加以統合規劃，找出各方都可以接受的共識，在政策正式上路時，有利政府減少推行政策時折衝與磨合的成本。

(三)柏瑪的公共政策行銷交換模式

柏瑪（Buurma, 2001: 1288）政策行銷模式中提到，政策行銷必須基於政府與民眾之間的交換價值，二者間的交換方能達到政治上的治理。柏瑪認為公共政策必須包括政策制定與政策順服、提供服務與要求服務、目標三步驟（林佳慧，2005：6）。其中，柏瑪更特別提到而政府與民眾之間的交換關係，是有助於政府組織目標與個人設定目標之達成，政府目標是在各政策領域內實現社會效果，透過政府與社會

公民協力完成，政府制定相關規則、提供公共設施以及政策工具來影響公民的社會行為，而公民的社會行為則會促成社會效果的發生（魯炳炎，2007：41）。

政府政策因為政府與民眾此兩個主體，在第一階段，依著各自欲交換之目的不同，民眾要符合政府的政策與法令的社會行為，政府必須要設計出制定政策的工具，在第二階段的磨合過程中，交換行為可產生出產品的組合價值與交換作用價值，最後，將可達到政府政策的目標，政府可在政策執行的過程得到所欲實現的社會效果，民眾的社會行為也可以達到合法的社會功能（如表7-1）。

此公共政策行銷的概念是從組織發展及提供公共政策而來；在這樣的公共政策行銷的交換模式中，政府行政部門使用行銷工具來改善社會，更必須依據政治權力、行政組織的法令規範及民主需求，更要有良好的治理方式才能提供合適的政策行銷模式；在此項政策行銷的治理上，也要依據政治上的政策過程、適宜的政策項目以及有限的執行期程，方能制定有效的行銷策略。而在這項公共政策行銷的工具上，柏瑪提出八項重要的行銷工具項目，分別是明確的利害關係人、適切交換行為的行銷組合、滿足人民的需求、成功的市場區隔、提供

表7-1　柏瑪的公共政策行銷交換模式

政策	交換主體（**Exchange subjects**）	第一階段：供需雙方的交換目的（價值）	第二階段：交換	第三階段：目標達成
政府政策	民眾（消費者）	符合政策及法令的社會行為（交換作用）	（產品組合價值）	合法的社會功能
	政府（供給者）	制定政策工具（產品組合）	（交換作用價值）	出現社會效果

資料來源：Buurma, 2001: 1291.

行銷資訊系統、關係行銷、促進民眾之社會行為符合社會需求，以及提出推動行銷組織與策略性行銷計畫。

　　明確地區分各利害關係人，可正確地在行銷過程中，明辨各利害關係人之相關位置及目的；行銷組合必須適切民意且能有效提供，方能得到適切的交換行為；貼近並滿足民眾的需求，才能完成交換的基本要件；預先瞭解此市場之差異及其解決方案，方能區分此行銷政策與其他方案之不同；行銷資訊系統必須包括市場測試，才能明確區分不同市場，區隔並決定合適的行銷特色；瞭解此行銷模式相關的媒介，減少行銷程序的過程；藉由一般商業行銷模式，瞭解欲滿足的民眾社會行為為何；建立行銷推動組織與策略性行銷計畫，方能有效執行（李冠樺，2009）。

第三節　案例分析：H1N1防疫的政策行銷

　　隨著傳播環境改變的趨勢，不僅商業，訊息發送管道變得較過去更多元、複雜，公部門推動政策也面臨了新的挑戰與衝擊。近年來，網路逐漸被視為是重要的宣導管道，為了有助政策實施，公部門也開始運用各類網路媒體的創新技術進行政策行銷。舉例而言，美國疾病管制局（簡稱美國CDC）為宣導新流感防治政策，充分利用網路資源，以最透明公開的方式把所有H1N1新流感防治的相關重要資訊傳遞出去，包括美國CDC專屬新流感防治重要資訊的網站CDC H1N1 Flu（http://www.cdc.gov/h1n1flu/）、美國CDC專屬推特微網誌CDCemergency（http://twitter.com/cdcemergency），以及透過Podcast隨身影音方式讓民眾能夠方便地下載、收看或收聽防疫相關訊息（http://www2c.cdc.gov/podcasts/）。利用種種不同型態的網路服務，美國CDC在網路上建構起官方與民眾最佳的互動橋樑，讓民眾不致於因資訊封

閉而延誤病情。相較於美國CDC，我國也在新流感防治宣導上較以往的一般衛教宣導更大量運用新興媒體，例如流感防治網（http://flu.cdc.gov.tw/mp150.htm）的建置，以及類似美國CDCemergency的「1922防疫達人」，均堪稱是新穎的健康傳播創意。本節茲以新流感防疫之「1922防疫達人」為例，探討公部門如何開發與應用新的傳播通路與工具，在數位時代成功達成政策行銷目的。

「1922防疫達人」是我國政府公共部門首度正式使用社交媒體（social media）來為政策推廣的工具。在全球電子政府服務名列前茅的美國，其疾病管制局應用各項社交媒體如YouTube、blog、MySpace、Facebook、Twitter、widgets等等傳播新流感的最新疫情與正確資訊，開始時間約在2009年8月下旬，由於有新意、具話題性，廣泛獲得美國媒體關注；相較於美國，我國疾病管制局的「1922防疫達人」於2009年10月中旬即正式上線運作，在時間點上堪稱相當迅速。

透過社交媒體的使用，疾病管制局將「1922防疫達人」建立為一個半官方地位的資訊平台，發布正確、即時的資訊供民眾參考，除了可以跳過媒體片面、選擇性的報導，提供完整的訊息外，更透過粉絲團的形式培養網路「口碑行銷」的種子。網路上訊息來源眾多，半官方性質的「1922防疫達人」給予網友訊息正確性的保證，希望加入粉絲團的粉絲樂於將這些資訊分享給身旁親友，成為正確訊息的傳播者。另外，由於H1N1對於20歲以下的年輕族群危害較一般成年人來高，因此透過與青少年較為貼近的網路社群進行宣導。

那麼，將社交媒體應用在公共衛生政策上的創新行銷方式，成效究竟如何？2010年1月26日，中央疫情指揮中心表示第二波疫情趨緩，新流感議題在大眾傳播媒體上的關注度亦減弱。以下比較2010年4月底的統計，以及至2011年10月底統計之數據，分析「1922防疫達人」運作概況：

一、粉絲男女人口統計

2010年4月底時統計，粉絲團男女比例約為4：6，女性較男性多約700人。其中25-34歲的族群占全體粉絲的54%，女性較男性多620餘人；18-24歲次之，約占20%，35-44歲則占約19%，其男女比例皆趨近1：1。主要原因為25-34歲多為初育子女族群，對於防疫與疫苗接種訊息較為關注；其中又以母親對於子女的健康照護較為關切，推斷因而呈現如此比例（**圖7-2**）。

至2011年10月底，粉絲團男女比例約為4.7：5.3，與一年半前相比，性別比例差距逐漸拉近，可見對於防疫議題的關注可說是無分男女（**圖7-3**）。

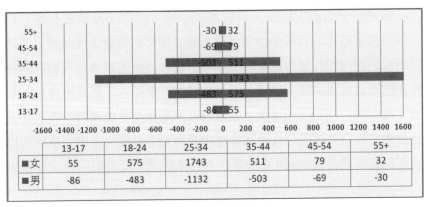

	13-17	18-24	25-34	35-44	45-54	55+
■女	55	575	1743	511	79	32
■男	-86	-483	-1132	-503	-69	-30

圖7-2　1922防疫達人粉絲團性別年齡比例（2010年4月，作者統計）

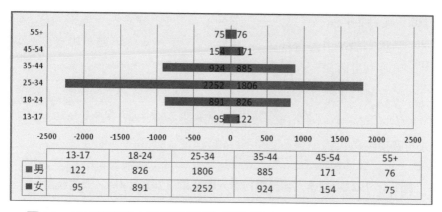

	13-17	18-24	25-34	35-44	45-54	55+
■男	122	826	1806	885	171	76
■女	95	891	2252	924	154	75

圖7-3　1922防疫達人粉絲團性別年齡比例（2011年10月，作者統計）

二、 Facebook粉絲人數／按讚人數成長表

　　2010年4月底統計，新流感疫情的降溫，使得民眾對於「新流感防疫」的相關資訊需求降低，粉絲人數明顯步入成長緩慢期。自2010年1月1日開始起算，粉絲成長數以每日平均新加入7人，退出4人的幅度，小幅成長（**圖7-4**）。

　　從2010年6月起，Facebook將「加入粉絲團」按鈕改為「認為這個粉絲團真讚」，英文版本為「like」，因此原本的粉絲概念改為按讚人數，即點選「like」人數。圖7-5顯示2011年1月1日起每週的like／unlike走勢圖。從粉絲加入的波峰來看，有宣導活動時明顯加入（like）人數較多，整體而言，退出（unlike）的比例一直遠低於加入人數。

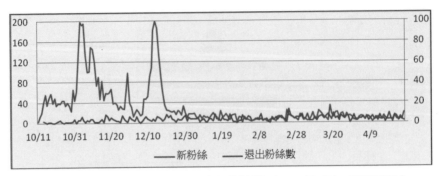

圖7-4　1922防疫達人粉絲團粉絲人數統計（2010年4月，作者統計）

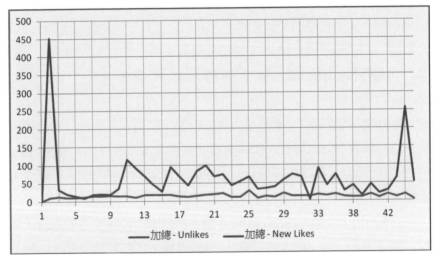

圖7-5　1922防疫達人粉絲團粉絲人數統計（2011年，作者統計）

三、Facebook互動總覽表

從「總互動數」整體趨勢線來看，粉絲團的互動一直處於持平；
值得注意的是從2011年7月份以後，「1922防疫達人」強化互動性語句
與開始採用「小編」的第一人稱模式，互動比例明顯開始逐漸上升，
更顯熱絡，透過趨勢線可推估未來將持續成長（**圖7-6**）。

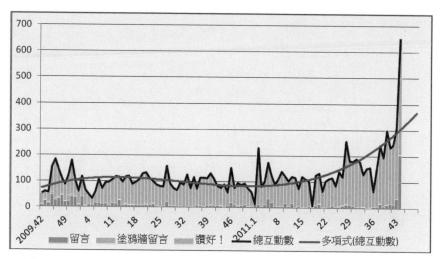

圖7-6　1922防疫達人粉絲團整體互動趨勢（2009-2011年，作者統計）

四、噗浪／推特新增好友數

　　根據**圖7-7**可見，噗浪的好友數基本上維持穩定成長，每週約有
20～40人的成長量。台灣使用者相對較少的推特，則維持固定每週約
0～1人的成長量。

　　在公共衛生傳播的領域中，任何健康議題的宣導，其最終目的均
在於促成行為的改變；即使科技發展日新月異，此一初衷並未改變。
政策的推動，不在於執行面上的三分鐘熱度，而在於符合社會大眾的
利益與需求。首先，在並無傳統主流媒體奧援的情況下，「1922防疫
達人」依然能夠吸引網路使用者加入粉絲／按讚、或在微網誌上進行
追蹤。有些可能是透過搜尋引擎，有些是透過朋友家人推薦，還有透
過BBS、論壇等各種各樣網路上交換資訊與意見的管道，其共通點為
並非透過傳統主流媒體如電視、報紙等得知。經營社交媒體，與傳統
傳播方式最大的不同，就是使用者對於滿足自身需求格外重視，無法

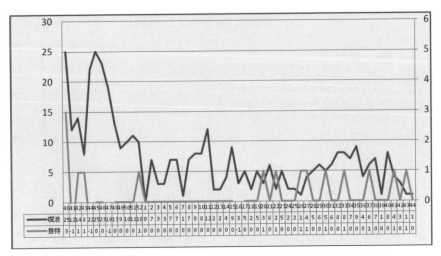

圖7-7　1922防疫達人噗浪／推特新增好友數統計（作者統計）

滿足於單向傳播；只要能夠與使用者真誠地傾聽、對話與溝通，他們會主動且樂意地將訊息加以擴散，而這也就是「社交媒體」最強大的魅力。

其次，參照蔡鶯鶯引用社交媒體行銷學者安得瑞亞森（Alan Andreasen）分析，社會大眾「在觀察期結束後，行為的驅力及維持受到很多因素影響，例如，自覺利益、自覺成本、自覺社會影響及自覺行為之控制。為了引起消費者自觀察期轉為行動期或維持期，社會行銷者必須增加可見的利益、減少可見的成本、增加社會自信及增強自覺的行為控制。一旦消費者開始行動後，行為模式比認知模式來得更重要。為了維持新的行為，消費者必須感受到獲得獎賞。他們可能主觀地取決於持續的提醒，直到新的行為內化為其生活方式之一」。由持續平穩增加的好友數可以推知，即使H1N1疫情退燒，社會大眾對於防疫知識和資訊仍然有著持續的需求，也使得「1922防疫達人」持續受到網友青睞，而能繼續在H1N1疫情高峰過後繼續與網友互動，進行防疫政策的推動。

　　即使人類科學與科技不斷進步，但依然無法完全擺脫各類傳染疾病的威脅。透過創新的傳播策略，更能夠與時俱進，貼近社會大眾的需求，達成更精準的健康傳播，從而促進人類生命的健康。基於此一前提，即使關於H1N1新流感防疫仍存在不少爭議，但純就政策行銷觀之，「1922防疫達人」是一個好的開始，未來如能善加運用，擴大應用至其他相關公共政策或議題，對於公部門政策行銷將能夠發揮更有力量的正面效益。

第八章

結　論

- 對政治行銷的批評與回應
- 研究限制與展望

摘要

　　作為總結，本章重點在於對政治行銷進行全盤式檢視。相較於英美等國家採行民主制度已長達數百年，社會與大眾對於民主機制相當熟悉，台灣的民主化進程仍有相當大的學習與進步空間。在邁向民主的過程中，於不同的時空背景下，政治行銷曾經象徵著不一樣的意義並發揮獨特的功能，並不全然是負面的；但隨著物換星移，政治行銷也不斷在轉變。對於政治行銷的運作與影響力，我們應該如何看待？以上問題皆為本章論述與分析之重點。

第一節　對政治行銷的批評與回應

　　不少學者對政治行銷有十分嚴厲的批評，認為政治行銷根本是對民主政治的傷害。首先，引發最多爭議的顧慮在於當政黨／政治人物、政府、企業／利益團體能夠透過金錢來影響民意，或甚至製造新聞以影響公共政策，而一般大眾或草根公民團體不可能有足夠的財力做同樣的事時，公民參與就可能被金錢政治取代，政治變成少數有錢人的事情，影響所及，民主制度也就完全背離初衷了。

　　其次，政治行銷的複雜操作，使得政治趨向菁英主義，成為少數專家壟斷的事務。大量民調專家、媒體顧問、選戰專家和政治顧問公司的出現，一方面意味著政治成為少數專家和政客的職業，沒有專業知識根本無法進入，大眾參與政治的能力日益下降，無法主導政治進程，僅能旁觀，此種發展趨勢威脅民主制度「一人一票、票票等值」的公正性。

　　第三，為了迎合中間選民／支持者，政治行銷可能使得政黨之間的差異減少，不在具體政策問題上針鋒相對，卻把重點放在風格與品

味的不同上；信念與主張發生趨同效應，相互混雜甚至融合，致使無論選擇誰其實都無所謂，這不能叫做尋求共識，而是政治冷感，實際上減損了民眾的政治參與熱情。

　　現代民主政治之所以能夠借助脆弱的思想共識將廣大民眾結合在一起，以及能夠不需要訴諸武力和強制就能夠塑造共識，最主要的是依賴於有效的交流，說服公眾對自己不感興趣的問題予以認同，進而創造一個能夠持續長久的共同意見。在工業社會時期，此種社會共識主要依賴民眾的意識型態主導下的政治認同就能夠建立，不需要專門的外在說服者進行規勸。然而，隨著後工業社會的轉型，整個社會的利益日益多元化和複雜化，中產階級興起，意識型態的板塊界限日益模糊，純粹依賴民眾個人的政治認同達成社會共識越來越不可能，故而以商業化運作為載體的政治行銷成為塑造社會共識的橋樑和紐帶。從這個意義上來說，政治行銷不僅不是一種令人鄙視的行業，相反是現代民主生存甚至繁榮壯大所依賴的。因此，問題的關鍵並不是杜絕政治行銷，而是如何把民眾重新置於民主過程的中心，這才是現代民主政治回應挑戰的根本之策。

　　美國學者巴伯（B. Barber）於1984年出版《強勢民主》一書中提出了一個重要思路，認為必須經由參與的過程來界定公民資格的特質，由實際的參與行動來賦予其意義。參與式民主的環境系統，可以使得政治生活與公民資格間產生緊密的聯結，真正落實民主精神，故稱之為「強勢民主」。為此，巴伯提出「強勢民主理論」的制度設計，包括三個層次：強勢民主談論、強勢民主決策與強勢民主行動。其中談論是強勢民主的核心，巴伯特別指出，要想實現有效的談論，必須有效傾聽、反思和願意說服和被說服。巴伯提供了一個協商民主的模型，不同於以往學者們對當前代議民主制度進行控制、主導、策略規劃和描述，回歸亞里士多德尋求實踐意義上的民主，此種民主並非根基於複雜的理論，而是彼此交流產生的共同興趣。德雷澤克

（John S. Dryzek）認為，此種共同興趣為我們理解民主怎樣運作和應該怎樣運作提供了一個理性的基礎。

巴伯的思路具有十分重要的啟發意義，基於在多元化社會溝通與說服的必要性，政治行銷作為一種方法和手段，在民主鞏固上其實有其意義與價值。但不可否認的是，政治行銷可能造成一些疑慮，則可以藉由法治與制度面的完善來逐步加以解決。為了對政治行銷加以合法規範，可以從以下四個方面改進：

第一，制定政治獻金管理法，完善金錢介入政治的管理制度。政治行銷離不開金錢運作，政治借助金錢主導的商業運作方式奠定政治合法性基礎。不管金錢在性質上是公共財政支出，還是社會自願捐款，都必須具有嚴格的法律依據和制度約束，確保使金錢運作在法律和制度所允許的範圍內運行。在美國，對政治獻金具有嚴格的規定，比如依照1974年《聯邦競選法》，個人或政治行動委員會在選舉中可以向候選人或政黨進行有限額的捐款，這種捐款被稱為「硬錢」。根據規定，個人在一次選舉中對每位總統候選人和國會議員候選人捐款額的上限是2,000美元（包括初選和大選各1,000美元），而政治行動委員會則可捐出1萬美元。個人在一次選舉中可為政黨捐獻的錢不得超過2萬美元，其中用於捐給政治行動委員會的上限為5,000美元。個人每年所允許捐獻的資金總額在5萬美元以下，捐款超過2,000美元的都要有詳細紀錄。同時，對於公共財政用於政治行銷的支出也必須有明確的規定，包括支出額度、支出結構、支出項目、支出時間和經手人等都必須有明確的規定，並且向社會公眾公開，讓公眾都清楚政治獻金的來源和用途。

第二，制定大眾傳媒管理法，健全媒體介入政治的管理制度。大眾傳媒作為無冕之王，必定捲入政治過程成為政治行銷所看重的陣地。但是，民主政治要求大眾傳媒在介入政治時必須採取不偏不倚的客觀中立姿態，不允許有歪曲事實、混淆視聽以追求政治目的的行

動。爲此，各國都非常重視透過法律條文嚴格管理大眾傳媒，以保持大眾傳媒作爲自由公正媒體的地位。在媒體立法基礎上，各國政府還建立了媒體管制機構，制定一系列制度對媒體進行管理，明確規定禁止政治廣告播放的時間、規定禁發新聞等制度，對媒體在政治中的活動進行監督管理。總之，大眾傳媒也是社會生活中的一個參與者，必須遵守有關的法律，受法律約束，遵守相關職業道德，這是確保媒體不被濫用的重要保障。

　　第三，制定政治公關活動相關法律規章，加強制度面管理。政治行銷離不開舉辦各種公關促銷活動，這類活動成果斐然，日益受到重視。政治公關活動花樣繁多，爭奇鬥艷，比如競選歌會、募捐餐會、遊行示威、簽字運動、主題長跑等等，往往萬眾矚目，吸引媒體報導，鼓噪輿論，對於民眾的政治取向具有很大的影響。爲民主制度長遠之計，國家應制定詳細的規則，規範行業運行秩序，確保一切依法進行。

　　第四，建立政治行銷遊戲規範，推進政治行銷專業化。除了建立政治行銷相關法律和制度之外，還必須引導政治行銷的參與者約定俗成一些基本的遊戲規則。一般來說，在自由競爭的政治市場上，作爲行銷競爭的一分子，必須遵守開放、公平、誠信和責任的基本遊戲規則。這些遊戲規則儘管未必都有明確的法律規定，但已經是約定俗成、共信共守的規範，任何行銷客都必須遵守，如果有踰越和違反，必然遭到輿論和民眾的口誅筆伐和抗爭抵制。政治行銷遊戲規則的發育程度，標誌著政治行銷的專業化程度，這些規則對政治行銷活動形成了「軟性制衡」，對於維持整個政治行銷秩序和推動政治法治化都具有十分重要的作用。

　　總而言之，政治行銷的專業化過程與政治的法治化進程是相互推動和相互促進的。政治行銷的專業化程度越是充分，就越是對法治化提出更高的要求，推動整個政治活動的法治化水準得以不斷提升；相

反，政治的法治化程度越高，則爲政治行銷專業化提供了更加明確的活動空間，使得政治行銷可以掃除疑慮重重的各種汙名化顧忌，讓專業化程度得以越來越提升。此外，政治行銷對法治化建設的另外一個重大意義在於，政治行銷突破了完全由政黨組織和政府壟斷政治事務的侷限，透過專業化的政治顧問公司、大眾傳媒、其他社會組織甚至普通民眾也參與到政治事務中來，從而爲整個法治社會的建設提供了強大的動力。

第二節　研究限制與展望

　　作爲一門新興的跨學科理論，政治行銷依然處於快速發展階段，學科體系也並未成熟。然而，政治行銷作爲一種實戰性非常強的實踐先於理論的發展，在各個政治領域得到廣泛的應用，有的國家還形成了一些成熟的政治行銷產業，比如美國的遊說業、英國的政治諮詢業以及大量的政治民調機構和選戰行銷專業機構等，創造了可觀的社會財富和價值。實踐是檢驗眞理的唯一標準，隨著政治行銷行業的茁壯成長，政治行銷學也日益受到重視。從2004年開始，政治行銷學研究已經從原來的英國、美國、紐西蘭等國家擴展到了世界多個國家，國際政治行銷學會每年都會召開學術會議，必將推動政治行銷學獲得快速的發展，這對於政治學的發展也將產生重大而深遠的影響。政治行銷現實的成果，也將對政治行銷研究產生巨大的推動力，逐步成長爲一門相對獨立的學科。

　　首先，政治行銷學的研究對象、研究特徵和研究方法等相對確定，逐步形成了相對獨立的學科基礎。無論是政黨或候選人的選舉行銷和政府的公關行銷，還是非政府組織和個人的政治遊說，都是政治學、社會學和市場行銷學所比較忽視的。從這些學科角度開展研究，

其自身的理論資源和研究方法不足以完成政治行銷學研究的目標和任務。政治行銷學就是政治學、經濟學、行銷學和傳播學等學科的交叉學科，隨著政治行銷理論的成長，政治行銷作為另一個學術分支的地位也必將隨之確立。

其次，政治行銷學的研究隊伍、研究機構日益壯大。早期的政治行銷研究人員大多來自投票行為研究、市場行銷學、公共選擇理論、競選研究等領域。二十世紀九〇年代以來，專門從事政治行銷的學者逐漸多起來，比如紐曼、李－瑪仕蒙等人，國際政治行銷學會創建和《政治行銷季刊》創刊以來，政治行銷學的研究隊伍在各國進一步壯大，許多大學專門設立了政治行銷學專業和政治行銷課程，政治行銷學在許多大學已經初步確立了相對獨立的地位。隨著政治行銷實務在各國的推廣和展開，政治行銷隊伍和機構更加壯大。

另外，在政治行銷研究日益興起的過程中，關於政治行銷的學術規範、評價標準、研究方法也必將逐漸形成共識。尤其是《政治行銷季刊》作為學者們交流的平台，對於溝通學者們的研究成果，推出創新性成果，無疑具有十分重要的推動作用。迄今為止，儘管專門以政治行銷為主題的著作還並不多，但關於選舉行銷、政治遊說、政治諮詢和政治公關的相關性研究成果早已汗牛充棟，今後政治行銷學科化的重點將是如何總結提煉不同領域的行銷規律，實現政治行銷學學科體系的整合。

追溯政治行銷學的發展緣起，與近代政治學的發展途徑有必然關係。一般來說，政治是社會公共權威的活動、形式和發展規律。借用美國政治學家戴維·伊斯頓（David Easton）的說法：政治是對社會性價值的權威性分配，政治學關注的重心是社會公共權威。誠如羅伯特·達爾（Robert Alan Dahl）所言，政治是任何在重大程度上涉及控制、影響力、權力或者權威的人類關係的持續模式。受制於特定的社會生產力發展水準，社會公共權威在歷史上呈現為城邦、共和國、帝

國、主權國家等多種形式，政治學研究就是研究這些不同公共權威形式的關係、形式、活動及其發展規律。不過，在現代政治科學興起之前，政治學研究往往傾向於從哲學思辨的角度，從形而上的視野考察政治的目標、精神、眞理和價值等政治生活的最高準則。在西方政治學研究發展歷史上，從柏拉圖到黑格爾，都是遵循這一路徑的研究。儘管也有以亞里士多德、托馬斯・阿奎那（Thomas Aquinas）等政治思想家爲代表的經驗研究，也大多希望能夠抽象出一個普遍化的人性，在此基礎上演化出一套符合人類至善生活的最高準則，最後設計出一套相應的政治制度，以規範社會政治生活，形成某種理想的政治秩序。

十九世紀八〇年代，現代政治科學興起之後，逐漸拋棄了抽象思辨和演繹的方法，重視對政治現象進行數據蒐集整理，盡可能引用統計分析、定量研究和數理推算，先後在政治學研究中掀起了所謂的「行爲主義革命」和「公共選擇革命」，從自然科學、心理學、行爲科學和經濟學等學科中吸取研究方法，非常重視政治數據的蒐集和整理，要求進行價值祛除，在現象和數據允許的範圍內進行數學驗算和計算機模擬，對政治現象作系統的、經驗的和因果的解釋，以便使政治學成爲一門「經驗科學」和「精確科學」。比如曾任美國政治學會會長的戴維・伊斯頓對政治系統的研究，就完全摒棄了傳統的國家、政治意識型態等概念，使用政治行爲體、角色、體系等可測定的概念，希望能夠對政治現象做出可預測的精確研究。

也許是強調精確研究的行爲主義政治學和理性選擇理論走過了頭，在二十世紀八〇年代以來，後行爲主義政治學興起，掀起了政治學研究的一場新的革命。後行爲主義政治學認爲政治研究不可能成爲完全意義上的科學，因爲人類具有豐富的情感和思想，很難完全定量化並確定政治法則，政治問題必然有倫理道德、社會價值以及文化多樣性等問題，根本無法實現價值祛除，這些奉行價值祛除的政治學家

不研究貧富分化、種族摩擦和道德倫理等社會價值問題，醉心於純科學的研究，反而導致政治學喪失了生命力。後行爲主義政治學的興起充分表明：政治研究只有與人類政治生活聯繫起來才能具有旺盛的生命力。

二十世紀八○年代以來中層理論的發展，就是將探討人類政治生活的價值座標與精確的政治科學研究結合起來的重要努力。所謂「中層理論」，是介於抽象的綜合性理論與具體的經驗性命題兩者之間的一種理論，是一種脫離抽象層次而力圖接近經驗事實的功能論，所以喬納森‧特納（Jonathan H. Turner）又稱之爲「經驗功能主義」。中層理論的意義在於架通抽象理論研究與具體經驗分析之間的橋樑，其主要目的是指導經驗研究，並能夠透過經驗加以驗證有限領域中的理論問題，它並不刻意尋求對重大社會問題的終極解決方案和理論假說，而是在有限的範圍內透過實證的方法尋求可以解決現實問題的理論途徑和方案。中層理論在社會學產生之後，在二十世紀六○年代開始影響到政治學領域，六○年代之後在西方政治學界盛行的政策研究、決策分析、政治文化理論、政治社會化理論、多元主義理論和集團政治理論都屬於中層理論的研究範疇。

政治行銷學的興起是中層理論發展的重要組成部分，也是推動政治學研究實現「新的革命」的主力軍之一。政治行銷學主要是一門政治學和行銷學的交叉學科。對於行銷學而言，政治行銷學是把行銷學的理論、程序和方法拓展到了政治學領域，行銷學的理論並沒有產生太大變化，只不過適用於政治領域而已。但是，對於政治學而言，政治行銷學則是政治學傳統邏輯的轉換，爲政治學領域注入了現代行銷的新精神，這一精神與現代政治學的基本邏輯存在很大差異，必將對政治學的發展產生重大而深遠的影響。

總而論之，政治行銷學像傳統政治哲學一樣重視社會政治生活中的價值座標問題，但是政治行銷學研究政治價值的方法並不是抽象

思辨和邏輯推理的方式，而是透過調查統計和定量分析的精確研究方法。在政治行銷學看來，任何有意義的價值原則，絕不是來自哲學家或者政治學家的思辨推理，而是來自市場調查研究和民意調查，從千百萬樣本調查統計中合成產生的。來自社會調查獲得的社會價值往往並不是一邊倒，更不是鐵板一塊的意識型態結論，而是眾多價值原則以數據比例分布的方式呈現出來的「馬賽克」，社會政治力量所設計的政治產品往往同時涵蓋諸多價值原則。比如美國小布希陣營競選期間提出的「富有同情心的保守主義」綱領就是新保守主義、溫和保守主義和少量自由主義政策的「大雜燴」，只不過保守主義是政策綱領的主色調。不難看出，透過將政治價值議題引入行銷學邏輯，實現政治價值和行銷技術的有機結合，使得政治行銷學的學術本體得以確立。

沿襲了行為主義政治學和理性選擇理論關注具體政治行為和精確研究的傳統，政治行銷學也注重研究政治行銷管理中的技術手段問題，只不過對於這些技術手段的研究，政治行銷學不再是對行銷技術手段進行袪除價值的「純科學研究」，而是在政治價值指導下進行的行銷傳播管理技術研究，所研究的技術手段必須具有服務於民眾價值需求和政治產品要求的特性。比如在政治議題行銷過程中，儘管行銷對決的雙方共同討論墮胎議題，堅持的一方在設計政治產品、鎖定行銷對象和開展行銷傳播的時候，往往都圍繞價值核心進行選擇，在列舉例證的時候也會選擇證明合理的例子。另一方堅持的做法恰好相反，兩者誰能在某一議題上居於主導地位，依賴於社會政治情境的變化。於是，政治行銷學將社會各界對於相互對立的價值觀的爭論納入了行銷管理制度和程序之中，為社會價值觀的爭論提供了一個協商平台，既有利於引發關於政治價值的爭論，又不至於導致政治對抗，在政治理念世界和政治實務操作世界之間架起了一座橋樑，推動了政治發展和社會發展。

　　更爲重要的是，政治行銷學透過行銷管理手段對政治價值採取了政治產品設計，並運用行銷傳播手段與民眾展開充分的交流和溝通，最終在社會公共權威運行的政治學邏輯中注入了行銷學的邏輯，實現了政治邏輯從社會公共權威的直接代理轉換爲公共權威的行銷傳播交換，進而將政治行銷學的兩個方面統一在對政治生活的關注之中。傳統上，政治學的基本邏輯都是社會公共權威對特定階級利益和要求的直接代理，而且此種代理採取直接強制或者宗教麻痺的雙重方式強加到整個社會頭上，迫使廣大社會民眾接受。此種政治邏輯導致了國家與社會關係的高度緊張，此種緊張關係隨著階級矛盾的逐步尖銳而陷入危機，最終引發社會革命或者政治改革，推動整個社會出現大起大落的更替。

　　政治行銷學的發展，爲國家和社會、階級與階級以及廣大社會組織之間提供了一個協商交流的平台，在這個平台上，各種意見自由表達，在國家憲法和政治秩序確立的遊戲規則框架內，透過政治組織之間的行銷戰爭取民眾的支持，以行銷對決獲勝的政治主張作爲指導社會前進的價值原則。此一安排緩解了國家與社會的緊張關係，緩解了社會內部的自我矛盾，對於政治社會的穩定和發展都大有裨益。當然，在現實的政治行銷實踐中，出現完全一邊倒的局面是很少見的，更多的情況是雙方做出妥協，最終達成一個雙方都勉強能夠接受的方案，差別不過在於哪一方的意見更多一些而已。從這個意義上來說，政治協商、行銷角逐和政治妥協是人類政治智慧的重要發展。

　　由此觀之，政治行銷學的眞正意圖並非是僅僅尋求將政治學的價值和行銷學的技術結合在一起，而是爲了彌合傳統政治哲學與現代政治科學之間的學術裂痕，將抽象宏大的理論研究和零碎的經驗結合起來，拉近兩者之間存在的學術鴻溝，彌合宏觀與微觀的研究裂痕，這是未來政治學研究發展的重要學術路徑。同時，政治行銷對政治學產生的更大影響還在於將推動政治學走出純理論研究的學術深閨，步入

政治實踐的廣闊天地。經過政治行銷學的改造，原本那些束之高閣的政治學理論搖身一變，成為政治行銷戰場上法力無邊的行銷利器，政治學成為具有實戰能力的高明學問。綜合上述，政治行銷學帶來政治學革命的確是可期待的，只不過，政治行銷除了在行銷技術上的鑽研外，必須更尊重博大精深的政治學傳統課題，與政治學其他研究結合起來，政治學的革命才有望實現。

參考書目

一、中文部分

(一)專書

Downs, Anthony著，姚洋等譯（2005）。《民主的經濟理論》。上海市：上海人民。

Goodin, Robert E. & Klingemann, Hans-Dieter主編，鍾開斌等譯（2006）。《政治科學新手冊》。北京市：三聯書店。

Green, Donald P. & Shapiro, Ian著，徐湘林、袁瑞軍譯（2000）。《理性選擇理論的病變：政治學應用批判》。香港：牛津大學。

James A. Thurber & Candice J. Nelson主編，郭岱君譯（1999）。《選戰必勝方程式——美式選戰揭密》。台北市：智庫。

Jamieson, Kathleen Hall著，李昶誼譯（1996）。《骯髒的政治》。台北市：鹿橋文化。

Marsh, David & Stoker, Gerry著，陳菁雯等譯（1998）。《政治學方法論》。台北市：韋伯文化。

Mauser, G. A.著，王淑女譯（1992）。《政治行銷》。台北：桂冠。

Newman, Bruce I.著，張哲馨譯（2007）。《營銷總統：選戰中的政治營銷》。上海：上海人民出版社。

Ranney, Austine著，林劍秋譯（1991）。《政治學——政治科學導論》。台北市：桂冠。

卜正珉（2003）。《公共關係——政府公共議題決策管理》。新北市：揚智文化。

伏和康、魏志中編（1993）。《選舉入門》。台北市：書泉。

朱雲鵬、林忠正（1997）。〈所得分配與民主政治發展〉，游盈隆（主編），《民主鞏固或崩潰——臺灣二十一世紀的挑戰》。台北：月旦出版社。

吳定（2008）。《公共政策》。台北：五南圖書出版股份有限公司。

吳家晉（2001）。〈大眾傳播媒介與政府關係〉。收錄於McNair, Brian著，
　　林文益譯，《政治傳播學》。台北市：風雲論壇。

吳祥輝（2002）。《吳祥輝選舉學》。台北市：遠流。

呂亞力（1997），《政治學方法論》。台北市：三民。

李永然、廖立宇等（1989）。《選舉實戰手冊》。台北市：嵩山。

李培元（1997）。《政治商品化理論》。新北市：揚智文化。

姚惠忠、林志鴻編（1993）。《擊人之短》。台北市：書泉。

胡佛（1998a）。《政治學的科學探究（三）：政治參與與選舉行為》。台
　　北市：三民出版。

胡佛（1998b）。《政治學的科學探究（四）：政治變遷與民主化》。台北
　　市：三民出版。

倪炎元（2009）。《公關政治學：當代媒體與政治操作的理論、實踐與批
　　判》。台北市：商周。

翁興利（2004）。《政策規劃與行銷》。台北：華泰。

高寶華、毛嘉奇編（1993）。《護己之虛》。台北市：書泉。

張世賢（2005）。《選舉研究——制度與行為途徑》。新北市：新文京開
　　發。

張永誠（1991）。《選戰造勢》。台北市：遠流。

張永誠（1992）。《選戰行銷》。台北市：遠流。

張永誠（1993）。《非營利行銷——選戰實務篇》。台北市：遠流。

張伯明（1989）。《選戰縱橫術》。台北市：金玉堂。

梁世武編（2006）。《選舉過程中的傳播與策略研究：2002年北高市長選
　　舉個案分析》。台北市：世新大學民意調查研究中心。

莊伯仲（2007）。《選舉研究——台灣研究案例》。台北：米羅文化。

陳惠倫、吳崑玉編（1993）。《展己之長》。台北市：書泉。

陳義彥、黃麗秋（1992）。《選舉行為與政治發展》。台北市：黎明文
　　化。

陳鴻基（1995）。《選舉行銷戰》。台北市：正中。

彭芸（1986）。《政治傳播理論與實務》。台北市：巨流。

彭芸（1992）。《政治廣告與選舉》。台北市：正中書局。

彭芸（1992）。《新聞媒介與政治》。台北市：黎明文化。

彭芸（2001）。《新媒介與政治——理論與實證》。台北市：五南。

彭懷恩（2002）。《政治傳播與溝通》。台北市：風雲論壇。

賀光輝、時蓓蓓編（1993）。《解人之打》。台北市：書泉。

鈕則勳（2002）。《競選傳播策略——理論與實務》。台北市：韋伯。

鈕則勳（2005）。《政治廣告——理論與實務》。新北市：揚智出版社。

黃俊英（2007）。《行銷學的世界》。台北市：天下遠見。

黃俊英、范揚松等（1993）。《選戰贏家——選舉行銷理念與實戰智慧》。台北市：管理科學學會。

黃嘉樹、程瑞（2001）。《台灣政治與選舉文化》。新北市：博揚文化。

趙可金、孫鴻（2008）。《政治營銷學導論》。上海：復旦大學出版社。

劉建鄰（2006）。《政治公關操作》。台北市：高手專業。

鄭自隆（1992）。《競選文宣策略——廣告、傳播與政治行銷》。台北市：遠流。

鄭自隆（1995）。《競選廣告》。台北市：正中出版社。

鄭自隆（2004）。《競選傳播與台灣社會》。新北市：揚智文化。

蕭展正、林秀俐編（1993）。《選戰策略》。台北市：書泉。

謝金河、范揚松（1983）。《絕地大反攻——三十年競選推銷策略》。台北市：范揚松。

關大中（1995）。《選舉戰鬥機器》。台北市：平氏。

(二)期刊及研討會論文

王嵩音（2006）。〈網路使用與選舉參與之研究——以2004年立法委員選舉為例〉。《台灣民主季刊》，3（4），71-102。

吳重禮、崔曉倩（2010）。〈族群、賦權與選舉評價——2004年與2008年總統選舉省籍差異的實證分析〉。《臺灣民主季刊》，7（4），137-82。

林心慧（2008）。〈比較電視、平面印刷與網路廣告媒體之行銷溝通效果與綜效〉。《中華管理評論國際學報》，11（2），1-31。

孫哲、沈國麟（2002）。〈美國政治中的媒體和國會選舉〉。《美國研究》，16（2），64-78。

翁秀琪、孫秀蕙（1994）。〈選民的媒介使用行為及其政治知識、政黨偏

好與投票行為之間的關聯——兼論台灣媒體壟斷對政治認知與行為之影響〉。《選舉研究》，1（2），1-25。

張世賢（2002）。〈電子化政府的政策行銷〉。《國政研究報告》，內政（研）091-059號，台北：財團法人國家政策研究基金會。

張卿卿（2002）。〈競選媒體使用對選民競選議題知識與政治效能感的影響——以兩千年總統大選為例〉。《選舉研究》，9（1），01-39。

張卿卿、羅文輝（2007）。〈追求知識、認同或娛樂？政論性談話節目內容與閱聽眾收視動機的探討〉。《新聞學研究》，93，83-139。

盛治仁（2005）。〈電視談話性節目研究——來賓、議題結構及閱聽人特質分析〉。《新聞學研究》，84，163-204。

莊伯仲（1998）。〈網路選戰在台灣——1998年三合一大選個案研究〉。《廣告學研究》，14，31-52。

彭芸（2002）。〈2001年台灣選民的媒介行為與政治信任〉。《選舉研究》，9（2），1-36。

鄭自隆（2000）。〈2000年總統大選候選人網站分析〉。2000年傳播管理學術研討會論文。

(三)學位論文

王冠翔（2000）。〈政治行銷：候選人形象定位及認知差異之研究——以台灣2000年總統大選為例〉。元智大學管理研究所碩士論文，台北。

王唯志（2004）。〈網站介面設計之評估指標研究——以2004年總統大選候選人競選網站為例〉。文化大學新聞研究所碩士論文。

任宜誠（1990）。〈選舉行銷策略規劃、實務與應用——以國內主要政黨及增額立委為例〉。中興大學企業管理所碩士論文。

李宜璇（2003）。〈候選人競選網站的選戰策略——2002年台北市長選舉個案分析〉。銘傳大學公共管理與社區發展研究所碩士在職專班碩士論文。

李冠樺（2009）。《公共政策行銷之研究——以花蓮縣地方文化館計畫為例》。國立東華大學公共行政研究所碩士論文。

周明諺（2008）。〈從公共關係概念探討競選網站、競選部落格互動性功能建置——2008總統大選為例〉。輔仁大學大眾傳播研究所碩士論文。

林秀容（1993）。〈選民投票取向與選舉行銷之研究——以高雄市選民為例〉。高雄中山大學企管研究所碩士論文。

柯金儀（2004）。〈政治與傳播——高雄市政府新聞處傳播功能之研究〉。國立中山大學政治學研究所碩士在職專班碩士論文。

徐承群（2010）。〈網路選戰策略研究——以民進黨2009～2010台灣地方選舉為例〉。世新大學傳播研究所博士論文。

陳佑維（2009）。〈選民傳播媒體使用行為、政黨傾向與選民投票行為之研究〉。龍華科技大學商學與管理研究所碩士論文。

陳春富（2002）。〈台灣選戰行銷模式之建構〉。國立交通大學經營管理研究所博士論文。

黃毓茹（2006）。〈2005年縣市議員候選人網站與部落格分析〉。國立政治大學廣告研究所碩士論文。

謝佩凌（2009）。〈候選人部落格訊息框架：2008年總統大選個案研究〉。文化大學新聞研究所碩士論文。

(四)政府資料

中央研究院社會學研究所（2007）。《台灣社會變遷基本調查計畫》。

金溥聰（1997）。《選民傳播行為與政黨形象認知之研究：從媒體刺激決定論與選民認知論二個角度出發》。國科會研究計畫，計畫編號：NSC86-2412-H-004-011。台北：國立政治大學新聞學系。

邱炯友、張大為（2008）。《96年台灣雜誌出版產業調查研究報告》。台北：行政院新聞局。

彭芸、梁德馨（2006）。《95年有線電視收視行為及滿意度調查研究報告書》。台北：行政院新聞局委託研究。

(五)報刊雜誌文章

王泰俐（2000）。〈總統網站大閱兵——解析「連宋扁李許」的網路行銷策略〉。《數位時代雜誌》，10，248-259。

陳俍任、蔡惠萍（2007）。〈報禁解除：媒體流血戰　聲望從高到低點〉。《聯合報》，2007年7月16日。

(六)網站

李皇照（2008）。廣告媒體分析，網址：http://web.nchu.edu.tw/~hjlee/files/
　　promotion/20081216_chap_12.pdf，2008年12月16日。

維基百科「1935年臺灣市會及街庄協議會員選舉」，網址：http://
　　zh.wikipedia.org/wiki/1935年臺灣市會及街庄協議會員選舉，2012年2月
　　21日。

二、英文部分

(一)英文專書

Abramson, Paul R. (1983). *Political Attitudes in America*. San Francisco: W. H.
　　Freeman

Bauer, Raymond A. & Pool, Ithiel de Sola & Dexter, Lewis Anthony (1972).
　　American Business & Public Policy: The Politics of Foreign Trade. Chicago:
　　Aldine-Atherton.

Benoit, W. L. (2006). *Communication in Political Campaigns*. New York, NY: Pe-
　　ter Lang Publishing.

Clemente, Mark N. (1992). *The Marketing Glossary: Key Terms, Concepts, and
　　Application*. New York: AMACOM.

Conway, M. Margaret (2000). *Political Participation in the United States*. 3rd ed.
　　Washington, DC: Congressional Quarterly Press.

Dahl, Robert A. (1967). *Pluralist Democracy in the United States: Conflict and
　　Consent*. Chicago: Rand McNally.

Davis, R., & Owen, D. (1998). *New Media and American Politics:conflict and
　　consent*. New York: Oxford University Press.

Diamond, E., & Bates, S. (1992). *The Spot: The Rise of Political Advertising on
　　Television*. Cambridge, Mass.: MIT Press.

Kavanagh, Dennis (1995). *Election Campaigning: The New Marketing of Poli-
　　tics*. Oxford: Blackwell Publishers.

Kotler, P., Roberto, N., & Lee, N. (2002), *Social Marketing: Improving the Qual-
　　ity of Life*. 2nd ed., London: Sage.

Lees-Marshment (2004). *The Political Marketing Revolution: Transforming the Government of the UK*, Manchester: Manchester University Press.

Lenart, S. (1990). *Media Political Effects and the Interpersonal Filter: An Analysis of the Interpersonal Context within Political Information Flow*. New York: Stony Brook.

Lilleker D. & Lees-Marshment (ed.)(2005). *Political Marketing: A Comparative Perspective*. Manchester: Manchester University Press.

Maarek, Philippe J. (1995). *Political Marketing and Communication*. London: John Libbey & Co.

Mauser, Gary (1983). *Political Marketing: An Approach to Campaign Strategy*. New York, Praeger Publishers.

McLean, Iain (1987). *Public Choice: An Introduction.* Oxford: Basil Blackwell Inc.

Milbrath, Lester W., and M. Lal Goel (1977). *Political Participation*. 2nd ed. Chicago: Rand McNally.

Mokwa, Michael P. & Permut, Steven E. (1981), *Government Marketing: Theory and Practice*. New York: Praeger.

Newman, Bruce I. (1994). *The Marketing of the President: Political Marketing as Campaign Strategy*. Sage Publications.

Newman, Bruce I. (ed.)(1999). *Handbook of Political Marketing*. London: Sage Publication, Inc.

O'Shaunessy, N. J. (1990). *The Phenomenon of Political Marketing*. Macmillan, Basingstoke.

Sheth, Jagdish N., Gardner, David M. & Garrett, Dennis E. (1988). *Marketing Theory: Evolution and Evaluation*. New York: John Wiley & Sons, Inc.

Zaller, J. R. (1992). *The Nature and Origins of Mass Opinion*. New York: Cambridge University Press.

(二)英文期刊、專書論文與學術會議論文

Altman, J. A. & Petkus, E. Jr. (1994), Toward a Stakeholder-based Policy Process: An Application of the Social Marketing Perspective to Eenvironmental

Policy Development, *Policy Sciences, 27* (1).

Barker, C., & Gronne, P. (1996). Advertising on the Web. *Masters Thesis*. Copenhagen: Copenhagen Business School.

Bimber, B. (2001). Information and Political Engagement in America: The Search for 94 Effects of Information Technology at the Individual Level. *Political Research Quarterly, 54*(1), 53-67.

Butler, Patrick & Collins, Neil (1994). Political Marketing: Structure and Process, *European Journal of Marketing*, Vol. 28, No. 1, pp. 19-34.

Buchholz, L. M., & Smith, R. E. (1991). The Role of Consumer Involvement in Determining Cognitive Response to Broadcast Advertising. *Journal of Advertising, 20*(1), 4-17.

Burton, S. (1999). Marketing for Public Organizations: New Ways, New Methods, *Public Management, 1*(3).

Buurma, Hans (2001). Public Policy Marketing: Marketing Exchange in the Public Sector. *European Journal of Marketing, 35*(11/12).

Chaffee, S., Zhao, X., & Leshner, G. (1994). Political Knowledge and the Campaign Media of 1992. *Communication Research, 21*(3), 305-324.

Dijkstra, M., Buijtels, H. E. J. J. M., & Van Raaij, W. F. (2005). The separate and joint effects of medium type on consumer responses: a comparison of television, print, and the Internet. *Journal of Business Research, 58*(3), 377-386.

Gelman, A. & King, G. (1993). Why are American Presidential Election Campaign Polls so Variable When Votes are so Predictable? *British Journal of Political Science, 23*(1), 409-451.

Harrop, Martin (1990). Political Marketing, *Parliamentary Affairs*, Vol. 43, pp. 277-291.

Johnson, T. J., & Kaye, B. K. (1998). Cruising is Believing? Comparing Internet and Traditional Sources on Media Credibility Measures. *Journalism and Mass Communication Quarterly, 75*(2), 325-340.

Kaid, L. L. (2003). Effects of Political Information in the 2000 Presidential Campaign: Comparing Traditional Media and Internet Exposure. *The American Behavioral Scientist, 46*, 677-691.

Kavanagh, Dennis (1996). New Campaign Communications: Consequences for Political Parties, *Harvard International Journal of Press and Politics*, Vol. 1, No. 3, pp. 60-76.

Kotler, Philip & Levy, Sidney J. (1969). Broadening the Concept of Marketing, *Journal of Marketing*, Vol. 33, pp. 10-15.

Kotler, Philip & Gerald Zaltman (1971). Social Marketing: An Approach to Planned Social Change, *Journal of Marketing*, Vol.35, pp.3-12.

Kotler, Philip (1972). A Generic Concept of Marketing, *Journal of Marketing*, Vol. 36, pp. 46-54.

Leshner, G., & McKean, M. L. (1997). Using TV News for Political Information During an Off-year Election: Effects on Political Knowledge and Cynicism. *Journalism and Mass Communication Quarterly, 74*(1), 69-83.

McLuhan, R. (2002). Evaluation is Key to Roadshow Success. *Marketing*, 39.

Niffenegger, Philip (1989). Commentary Strategies for Success from the Political Marketers, *Journal of Consumer Marketing*, Vol. 6, No. 1, pp. 45-51.

Nimmo, Dan (1977). Political Communication Theory and Research: An Overview, in Brent Ruben (ed.) *Communication Yearbook*, Vol. I. International Communication Association.

Pinkleton, B. E., Austin, E. W., & Fortman, K. K. J. (1998). Relationships of Media Use and Political Disaffection to Political Efficacy and Voting Behavior. *Journal of Broadcasting and Electronic Media, 42*, 34-49.

Plumper, T., & Martin, C. W. (2008). Multi-party Competition: A Computational Model with Abstention and Memory. *Electoral Studies*, 27, 424-441.

Scammell, Margaret (1999). Political Marketing: Lessons for Political Science, *Political Studies*, XL VII, pp. 718-739.

Semetko, H. A., & Valkenburg, P. M. (1998). The Impact of Attentiveness on Political Efficacy: Evidence from a Three-year German Panel Study. *International Journal of Public Opinion Research, 10*(3), 195-210.

Snavely, Keith (1991). Marketing in the Government Sector: A Public Policy Model. *American Review of Public Administration, 21*(4).

Tolbert, C. J., & McNeal, R. S. (2003). Unraveling the Effects of the Internet on

Political Participation, *Political Research Quarterly, 56*(2), 175-185.

Wring, Dominic (1997). Reconciling Marketing with Political Science: Theories of Political Marketing, *Journal of Marketing Management*, Vol. 13, pp. 651-663.

Zhao, X., & Chaffee, S. (1995). Campaign Advertisements Versus Television News as Source of Political Issue Information. *Public Opinion Quarterly, 59*, 41-65.